Voyageurs Payot
Sous la direction
de Michel Le Bris

Journal d'Aran
et d'autres lieux

Voyageurs Payot

Nicolas Bouvier
Journal d'Aran
et d'autres lieux

Feuilles de route

*Si l'on ne trouve pas
surnaturel l'ordinaire,
à quoi bon poursuivre?*

Charles-Albert Cingria,
La Fourmi rouge

Journal d'aran

Tout ce qui est rouge est joli
tout ce qui est nouveau est beau
tout ce qui est habituel est amer
tout ce qui est absent est sucré.

« La maladie de Chûchulainn »
Ms. L.U.H.4 Trinity College

Clon-mac-noïse,
février 1985

La rivière se love et sinue à fleur des prés couverts de gelée blanche. Elle est bordée de saules et de moutons couchés qui font deviner son cours imprévisible comme il doit l'être : un méandre de plus est ce qu'une rivière peut faire de mieux ; c'est d'ailleurs ce qu'on en attend.

La route, elle aussi, étroite, bleue, brillante de glace, tourne sans rime ni raison là où elle pourrait filer droit et prend par la plus forte pente les tertres qu'elle devrait éviter. Elle n'en fait qu'à sa tête. Le ciel, gouverné par vent d'ouest vient de faire sa toilette, il est d'un bleu dur. Le froid – moins quinze degrés – tient tout le paysage comme dans un poing fermé. Il faut conduire très lentement ; j'ai tout mon temps.

11

Quelle nouvelles de Clon-mac-noïse ?
En voici de toutes fraîches
les renards sont au cimetière
et dévorent les restes humains.
(Anonyme, xie siècle)

La route bute contre un mur qu'on escalade : derrière c'est une infinité de croix de pierre grise, moussues, couchées, dressées, plantées tout de guingois dans une herbe rase d'un vert indicible. A l'Ouest, le pré jonché de tombes descend vers une tour munie d'une seule ouverture à quatre mètres du sol et qui a la forme d'un crayon. Lorsque les Norses ou les Vikings battaient la campagne, les moines s'y réfugiaient, retiraient l'échelle et s'abîmaient en oraisons qui ne servaient à rien. Les païens entouraient ce refuge bruissant de voix inquiètes de fagots de ronces bien sèches et enfumaient comme blaireaux les assiégés en se saoulant énormément. Quels rires n'a-t-on pas dû faire là-dessous. Plus bas, c'est un coude de la rivière Shannon qui charrie des glaçons. Les roselaies gelées sifflent sous la bourrasque. Le vent arrache au fleuve des écharpes d'eau qui me cinglent la figure. Entre cette tour, ces tombes, quelques chicots d'églises romanes détruites, on voit paître des moutons, plutôt des zeppelins de laine à tête étroite et sotte montés sur des pattes si grêles que partout ailleurs, ils seraient emportés comme flocons. Pas ici. Cet endroit n'est pas ordinaire : comme Delphes, comme Isé c'est un *lieu* qui a sa charge, sa gravité, ses protections particulières, son histoire.

Tout commence au ve siècle dans l'île d'Inishmore à l'Ouest de l'Irlande où saint Enda aguerrit sa foi chrétienne par le jeûne et la mortification. Il gît face contre terre, en prière des heures durant, dans un ermitage de pierres sèches où vous ne logeriez pas une truie, exposé à d'horribles frimas. L'an 545, son disciple saint Ciaran qui a été élevé à cette rude école regagne la côte et fonde l'abbaye de Clon-mac-noïse sur une anse de cette rivière qui est alors l'unique voie de communication du pays. Sous la protection d'un chef de clan auquel il a promis la couronne d'Irlande – il l'aura bel et bien – et qui l'aide à poser la première poutre. Il y a ici une grande croix de pierre érodée par le vent où l'on distingue encore ce roi et ce saint titubant sous le poids d'une solive de chêne. La même année, saint Ciaran s'alite, confie aux moines qui l'entourent que « le chemin de l'au-delà est épouvantable *(awfull is the way to the world beyond)* » et s'éteint. Je le crois sur parole et sa franchise me plaît : il faut du caractère pour ne pas se mentir à cet instant-là. Un siècle et demi plus tard, Clon-mac-noïse, avec deux mille moines et moinillons est la plus grande abbaye d'Europe, un des moyeux de la chrétienté, un Pierre-Latte mystique, la source d'une prédication qui va s'étendre partout. La règle monastique laissée par saint Ciaran est la plus dure du temps. Méditation, silence, lectures immenses, corvées de copistes à se faire sauter les prunelles, corvées de bûcherons à se rompre l'échine, un peu de mauvaise bière aux fêtes carillonnées. Dans les heures où elle est licite, la gaieté est dévastatrice. L'opulence est énorme : l'été 1149 sous un seul if frappé par la foudre on ramasse les cadavres de cent treize moutons. A cette époque on trouvait ici trois églises, des moulins, bergeries, caves, lavoirs, réfectoires, écuries, un scriptorium pour l'enluminure des manuscrits, un port et des viviers sur la Shannon. Ce rucher admirable excite les convoitises des Norses, Vikings, Normands, des clans irlandais rivaux qui sont les « renards » du poète. Entre le viie et le xve siècle, l'abbaye est vingt fois pillée, brûlée, rasée et vingt fois reconstruite. Puis cette énergie terrible s'étiole et s'anémie : pendant huit cents ans, les Irlandais ont tout donné, ils en ont fait trop, ils récupèrent encore à l'heure où j'écris. Lorsqu'au xviie siècle, Cromwell passe ici en quête de quelques pans de murs à faire dégringoler – c'est sa marotte – il n'y a plus grand-chose à détruire. Reste cette mystérieuse forêt de croix cerclées et penchées où les sépultures ont toujours été convoitées – saint Ciaran ayant affirmé que l'enfer ne connaissait pas les morts de Clonmac-noïse – et obtenues par un système de privilèges familiaux et territoriaux si compliqué que même les attorneys du pays le plus procédurier du monde y perdaient leur mauvais latin. Les quelques épitaphes du vieux cimetière qu'on peut encore déchiffrer n'inspirent en tout cas aucune inquiétude quant au salut de ceux qui reposent ici. L'hiver 1985, une seule personne jouissait encore de ce privilège : une femme de quatre-vingt-dix-neuf ans, parce qu'elle était née dans le comté d'O'Fally. Depuis trente ans, les « nouveaux morts » sont enterrés dans un cimetière qui jouxte les limites de l'abbaye, sans aucune garantie céleste et dans des tombes au goût du jour, c'est-à-dire hideuses.

Quand, dès le viie siècle, ce christianisme ardent, exigeant, têtu, rehaussé de prodiges qui rappellent ceux des lamas tibétains ou des chamanes mongols, revint sur le continent comme un boomerang porté par le zèle évangélique de ces athlètes de Dieu et de ces champions du jeûne, il ne fut pas du goût de tout le monde. Cette vaillante bouture d'un lointain miracle, ce Christ frais comme l'aubépine que les moines irlandais tutoyaient affectueusement et appelaient « le Grand Abbé », cet ascétisme un brin sorcier, inspirèrent les plus grandes réserves à la pourpre cardinalice et aux prélats romains nourris de juridisme judéo-latin, de pâté de truie et de Frascati. Le vert strident du trèfle irlandais ou, plus sombre, du gui celtique, détonnent un peu sur fond de rouge pompeï ou épiscopal fanné. Le monachisme irlandais est très égalitaire – saint Ciaran était fils de charron – et peu soucieux des hiérarchies pontificales. En outre, ces saints-druides ont un culot d'enfer et des « pouvoirs » qu'ils doivent peut-être à la rigueur inhumaine de leur apprentissage de Dieu. Il est impossible de voir, sur les îles Skellick ou sur celles d'Aran, les ermitages de ces anachorètes – soues ouvertes au vent atlantique, si basses qu'on y entre en rampant – sans penser aux années d'épreuves du magicien Milarépa qui transformait à son gré la pluie en grêle et, à deux heures de vol d'oiseau, décapitait tout un banquet de noce pour manifester son déplaisir. L'un de ces Irlandais – je ne sais plus lequel – passe pour avoir traversé la mer dans une auge de pierre en pagayant avec ses mains, indice d'une foi bien accrochée. Bref, ces fous de Dieu font peur.

Sans nul doute, saint Gall et saint Colomba sont passés par Clon-mac-noïse, ne serait-ce que le temps d'un repas-éclair tant ils étaient pressés d'atteindre la côte française et d'en venir aux mains. Sitôt débarqués, cela se gâte. En Bourgogne où ils morigènent les barons sur le point de leurs concubines, bâtards et surtout – et là c'est trop – de leur goinfrerie, ils sont priés de déguerpir. Ils montent au Nord jusqu'au lac de Constance dans lequel ils précipitent les idoles les plus sacrées de la nation des Suèves. Là encore, c'est trop. Ils fuient et se séparent. Saint Colomba cingle vers l'Italie à travers les cols alpins et fonde l'abbaye de Bobbio. Saint Gall se réfugie dans un vallon sauvage à l'Ouest du lac et qui est propriété des ours. Il s'en débarrasse à coups de goupillon, mais c'est un goupillon bien reverdi par une sensibilité celtique toujours prête à traiter avec la nature, ses caprices, ses porte-paroles. Là où il y a une force même un ours – disons : surtout un ours – se plie. Voici comment le chroniqueur Wahlafrid raconte, deux siècles plus tard, cette éviction.

« Mais voilà qu'un ours descendu des montagnes était venu tout près de leur bivouac et ramassait avec soin les reliefs qu'ils avaient laissé tomber. Ce que voyant, l'homme de Dieu dit à la bête : " Je t'ordonne au nom du Seigneur de prendre un tronc et de le mettre dans le feu " et voilà que l'ours obéissant alla chercher un vaillant tronc et le mit dans le feu. Alors le saint, se tournant vers son sac, prit un pain, le tendit au convive qui s'en saisit, et lui dit : " Au nom du Seigneur, va-t-en de cette vallée, reste à l'avenir dans la montagne. " » (Wahlafrid, cité par Ch.-A. Cingria dans *La civilisation de saint Gall*.)

Ce que l'ours fit, sachant mieux que le Pape de Rome à qui il avait à faire, non par crainte, mais par une correcte appréciation des forces, des présences, de leur poids. Ayant encore chassé du

bord du torrent deux diablesses qui le provo-
quaient par leur nudité, saint Gall fonda une
abbaye qui devait devenir aussi puissante que
Clon-mac-noïse, mais surtout, grâce à un nouveau
système de notation musicale – les neumes –, le
centre du renouveau grégorien dans l'Occident
chrétien. Cette remise à jour était devenue indis-
pensable car les barbares christianisés avaient
totalement dénaturé la musique liturgique « avec
leur grossièreté alpestre... leurs voix énormes et
grondantes comme le tonnerre... leur gosier cuit
par la boisson » comme l'écrit un chantre romain
qui fait gorge chaude des cantates de ces braillards...

... Le jour commence à baisser, l'ombre des
croix s'allonge. La lumière chavire; le froid est si
vif qu'il me faut chauffer ma caméra entre ma
chemise et mes cuisses pour que l'obturateur
consente à fonctionner.

A l'entrée du cimetière, dans une cabane de
rondins qui suent encore la résine j'ai trouvé un
jeune homme qui est à la fois le gardien et l'historien de ces morts. Il m'a offert du thé et une bro-
chure qu'il a écrite sur l'histoire de l'abbaye. Il
n'a aucun moyen de chauffer sa cambuse sinon
un grille-pain qu'il a allumé et au-dessus duquel
nous passons et repassons nos mains gourdes. Par
la fenêtre, je vois un couple de faisans picorer sur
la route qui brille de tous ses lacets inutiles.
Quand je lui ai demandé la raison de ce tracé

erratique il m'a répondu qu'ici, autrefois, les chemins étaient empierrés par les femmes qui
n'aimaient pas que le vent les décoiffe; quand il
tournait, elles en faisaient autant. Cette explication m'a entièrement satisfait.

Les Romains ne sont pas venus ici. Pas de
Romains, par d'*urbs*, pas de bornes milliaires, pas
trace de ces systèmes qui réduisent la nature à des
droites et à leur perpendiculaire.

Galway I

Il restait une traînée de safran sombre dans le
ciel noir. J'ai garé la voiture entre des crocus couchés et rôtis par le gel. De la terrasse on voyait les
anses au nord du port déjà prises dans une mince
pellicule de glace. Nous sommes hors saison et
c'est le seul hôtel où j'ai trouvé une chambre. Il
est habituellement fermé l'hiver, il avait réouvert
pour héberger un congrès de jeunes cadres de
l'électronique irlando-britannique qui menaient
grand tapage. Le thème de la rencontre, calli-
graphié sur des pancartes entourées de gui et de
houx était « Reprenons notre destin en main ». Il y
avait là une centaine de « yuppies » mais façon
irlandaise : carrures de rugbymen courts sur
pattes, rouflaquettes rousses ou poivre et sel, voix
basses et poncées par la *Guinness*, sortis tout
droit d'une lithographie du début du siècle.

19

C'était la fin des travaux qu'un banquet allait suivre. A midi, le chauffage était tombé en panne et malgré les feux de tourbe allumés en catastrophe qui sifflaient et soupiraient dans les cheminées, la température ne cessait de descendre. Les mérites d'un feu de tourbe sont purement visuels : c'est ce rouge intense du foyer qui réconforte l'œil et dupe le corps. Il brûle sans du tout rayonner ; vous tendez les mains vers l'âtre, vos épaules sont encore gelées que déjà vos semelles commencent à fumer. L'un après l'autre, les congressistes allaient au vestiaire chercher cache-nez, toques, pèlerines, gants. A travers les lainages, l'haleine des derniers orateurs se transformait en phylactères de buée ; ils auraient aussi bien pu siéger dehors. C'était la seule pièce habitable ; on m'avait installé une petite table dans un coin où l'on m'a servi à dîner. Lorsqu'un regard croisait le mien, on m'adressait de grands signes du bras comme si je venais de larguer les amarres. J'ai entendu les discours de clôture : celui de l'Irlandais pouvait se résumer à : « Quel plaisir d'être tous réunis à boire ensemble. » Ils ne ménageaient pas les petits verres et malgré ce froid sibérien, leur jovialité était intacte. Celui du partenaire britannique aurait pu tenir en une phrase : « Il est grand temps de vous mettre au boulot. » En fin de soirée, par chaleur animale et vociférations, la température était un peu remontée à – disons – douze degrés. Quelques dames peu farouches, venues d'un bar voisin égayer cette compagnie purement masculine avaient, pour cette raison, conservé leurs mitaines, leur fichu, leur chapeau de paille noire qui leur donnaient l'air de paroissiennes comme il faut, alors que les visages tournaient au rouge brique et que tout n'était déjà plus que rires égrillards, chatouillis et pinçons.

J'ai trouvé ma chambre glaciale et appelé la réception. Ils m'ont envoyé un *boy* ivre de sommeil qu'ils avaient dû tirer du lit. Il a tapoté de sa clé à molette les tuyaux gelés en se disant à lui-même : « *Guess it must be the pipe* » puis s'en est retourné dormir, les poings sur les yeux. Il a éteint la lumière en sortant; je crois qu'il ne m'avait pas vu. J'ai emprunté les couvertures des lits voisins et suis parvenu à m'endormir. Réveillé par un remue-ménage amoureux dans la chambre voisine, où l'on s'envoyait des claques en riant pour se réchauffer. J'ai entendu la femme dire d'une voix perchée : « Non, ça non, tu n'as pas le droit » et suis retombé dans le noir. Le droit de quoi? Je me le demande encore.

Galway II
11 heures du matin

Du chemin qui borde la falaise, on voit la mer étinceler : jusqu'à une centaine de mètres de la côte elle est couverte d'une mince couche de glace qui se soulève sous la houle comme la poitrine d'un dormeur. Une grosse femme boudinée dans un manteau de loden vert strident m'a rejoint en poussant un landau contre le vent du large qui nous colle le froid à la mâchoire et aux tempes. Quelle idée de promener un marmot par un temps pareil! Elle est déjà grosse du suivant, et le cocard qui lui ferme l'œil gauche ne s'est sans doute pas fait sur le coin du fourneau. Elle me dit qu'elle est née ici et qu'elle n'a encore jamais vu la mer prise. Le mégot qui colle à sa lèvre inférieure tressaute à chaque syllabe. Alors trente, quarante ans? Elle est déjà si écornée par la vie qu'il est difficile de lui donner un âge. J'en étais à me dire que malgré Synge, Joyce, Bernard Shaw et le whisky *Black bush* je ne pourrais décidément jamais m'établir dans un pays où les femmes sont ainsi fagotées – et rossées de surcroît – lorsque ce que j'attendais avec un plaisir angoissé s'est produit : une vague plus haute que les autres que j'avais vu venir du coin de l'œil est passée sous la banquise et l'a fait éclater. D'un bout à l'autre de la baie, elle s'est brisée en s'étoilant comme un pare-brise de voiture avec un long soupir, une sorte de rire feutré qui a fait fuir les mouettes. Une photo vue vingt ans plus tôt m'est revenue en un éclair. Elle représentait un psychiatre, dans une clinique de Moravie, qui plongeait en état d'hypnose une paysanne en fichu en frappant de son stylo le bord d'un verre de cristal. J'ai entendu le tintement de la plume, revu la femme verte amarrée à son landau comme une statue de pierre et suis tombé dans un « quasar »...

Dans le cosmos il existe des zones noires inexplicables que les astronomes ont baptisé les quasars. La densité de la matière y serait telle que les photons ne peuvent s'en échapper. Des excès ou des trous de création, si l'on veut. Dans un quasar l'esprit se déficelle et ne retient plus rien ; on n'a pas pu prendre son souffle que déjà on a disparu. On refait surface ailleurs, un peu plus tard, un peu plus loin, dans un milieu qui a retrouvé suffisamment de cohérence pour que l'on puisse respirer. Ou on ne revient pas : chaque année huit mille personnes s'évanouissent en fumée sans que l'on puisse invoquer les terroristes, le grand caïman ou un héritage en litige...

... Je me suis retrouvé quelques heures plus tard au centre ville, à la sortie d'un grand magasin, les bras chargés d'emplettes : une écharpe rayée noire et blanche, un bonnet et des moufles de laine rouge, un de ces caleçons longs blanc-cassé qui pochent aux genoux et qu'on voit dans les lithographies de Daumier et les vaudevilles de Labiche. Exactement ce dont j'avais besoin. J'ai regardé les étiquettes, les prix étaient raisonnables, bref : les achats d'un homme à son affaire. Le ciel était noir et rose sale. Une lumière précise et plombée donnait à ce qui était laid son poids maximal – comme un hurlement – de laideur. Un vent glacial balayait la rue étroite en arrachant la banderole rouge « *Down with apartheid in South Africa. Meeting tonight* » qu'un groupe de jeunes s'affairaient à reclouer et à brandir en scandant des slogans antiracistes. Tout occupés à rafler les derniers lainages aux éventaires, les passants s'en foutaient. Sous chaque nez rencontré ce soir-là, une goutte brillait comme une étoile. Au marché de Saint Mary Street, des femmes emmitouflées fermaient leurs éventaires, remplissant des cartons avec les choux, navets, radis noirs qu'elles n'avaient pas vendus. Cohérence? J'ai frappé le pavé du pied pour me ramener à l'existence, m'assurer que j'étais bien là, alors que les mots *je* et *ici* n'avaient pas encore réintégré leur sens. J'ai dû faire tout le tour de la grand-place pour retrouver ma voiture et j'ai pris la route de l'aéroport d'où un petit monomoteur dessert les trois îles d'Aran. A cette saison, et si le vent le permet, c'est le seul lien entre elles et la côte irlandaise.

Galway III

On m'a dit : « Laissez votre voiture au bord du champ de raves et donnez la clé au pompiste. » On m'a dit : « L'avion aura du retard, vous avez tout le temps. » *Nous* avions tout le temps. Dans l'espèce de roulotte qui sert de salle d'attente, autour d'un poêle de fonte chauffé au rouge, il y avait un curé muni des sacrements, une mère avec trois gamines blafardes pareillement vêtues de demi-bas et de jaquettes lie-de-vin achetées aux soldes à Galway, qui grattent et elles se grattaient les mollets avec cet air buté et « en dessous » qu'ont si souvent les fillettes, une vieille au chignon blanc soigneusement tiré tenant sur ses genoux un panier de jonc épousant exactement la forme d'une poule avec un trou pour le col et la tête qui en sortait bec ouvert et balayait ce minuscule local dans une giration affolée, une jeune garce bottée d'une élégance ébouriffante qui lisait *1984* d'Orwell avec juste un an de retard, ne regardant personne, tournant les pages avec des ongles dorés d'un ovale parfait, une brebis dont la patte arrière gauche venait d'être plâtrée par un vétérinaire de la côte et qui ferait le voyage dans la soute à bagages, enfin le pilote très rassurant dans sa tunique fripée qui a fait passer tout le monde sur la balance comme si nous étions ici pour perdre du poids, puis le mugissement béni du moteur sur la mer qui vire au noir. Atterri à Inishmaan dans un pré à peine balisé, le temps de déposer le curé, sa burette et quelques paquets fortement ficelés puis reparti pour la « Grande île » (Inishmore) sans même avoir coupé le moteur et pour le vol le plus court inscrit dans les tabelles de l'aviation commerciale, soit trois minutes quarante-cinq secondes.

Aran I

Cette fois : cinq minutes ; l'avion avait repris un peu d'altitude, le temps qu'une Land Rover jaune, par un slalom virtuose, dégage la piste des moutons occupés à la tondre et vienne se ranger à côté de la carlingue, pour embarquer le bagage et conduire chacun des passagers à destination. Michael Hernon, le chauffeur, était un homme dans la quarantaine, laconique, courtois, précis, distant, avec cette distinction de vieux bois flotté qu'on trouve souvent dans les pays de vent. Je l'ai aidé à porter la brebis plâtrée jusqu'au péristyle d'une maison obscure. La belle citadine – j'avais cru qu'elle accompagnait le curé au chevet d'un moribond – tient un salon de coiffure à Kilronan et fait bouffer ou gomine toutes les tignasses de l'archipel. Nous l'avons déposée devant un cottage de pierre sèche dont le seul mur maçonné et aveugle porte une fresque qui signale les deux spécialités de la maison : la coupe « Teddy-boy » et la « Vague Marcel » des années 30 qui revient à la mode à moins qu'elle ne l'ait jamais quittée ici. Dans la baie de Killeany, le vent d'ouest qui tourbillonne autour de l'île arrachait de petites trombes qui déguerpissaient en direction de Galway. J'étais le dernier passager. J'ai demandé à Hernon ce qu'on faisait ici à cette saison.

– Après 'es tempêtes de janvier, si le vent

d'ouest s'installe on ne fait rien. La mer est trop
forte pour la pêche côtière. Les chalutiers sont
partis en Norvège et ne reviendront pas avant une
quinzaine : ils déposent leur pêche déjà surgelée à
Galway et, de retour ici, tout ce qui ne peut être
traité industriellement, les poulpes, les raies, les
roussettes, les anguilles, ils le donnent.

– Ils ne le vendent pas ?

– Ils gardent ce qu'il leur faut, le reste ils le
donnent au village ; il y en a assez pour tout le
monde, chacun vient se servir.

– Et les champs ?

– On refait la clôture des potagers mais le vent
est trop fort pour qu'on épande le varech sur les
prés, il le tasse contre les murets de pierre et tout
est à recommencer. Les hommes bricolent ou
boivent à la maison ; les femmes tricotent pour les
touristes de l'été. Et pas n'importe comment :
chaque village des îles, même de quatre ou cinq
foyers, a son motif qui est comme une marque.
Autrefois c'était pour reconnaître les noyés rejetés
par la mer : les crabes et les poissons ne mangent
pas la laine. Aujourd'hui, il n'y a plus que les
ivrognes à se noyer ; ils ont leur coin à part dans
le cimetière.

Il s'est arrêté à l'entrée du hameau de Kilmurvy devant la seule maison éclairée plusieurs
lieues à la ronde.

– Voilà, vous êtes arrivé ; on vous attend. Je
viendrai vous chercher demain pour vous

27

conduire au pied des falaises de l'Ouest si vous
n'avez pas peur des embruns et pas le vertige.
Je n'ai pas le vertige. On verra bien.

Aran II

J'ai frappé et suis entré : c'est une vaste pièce
qui fait toute la longueur de la façade. A chaque
extrémité une cheminée siffle et rougeoie en brûlant un mélange de tourbe et de charbon. Devant
celle de gauche, installé dans un canapé de
velours framboise, un vieillard au visage cireux et
fin tirait sur sa pipe. Il m'a souhaité la bienvenue
en touchant le bord d'une casquette de tweed que
je ne lui verrai jamais quitter. C'est l'oncle. Pendant qu'un chien noir et un chien blanc se frottent
à mes jambes, le neveu sort de la cuisine, un torchon à la main. Steve : la cinquantaine trapue, des
favoris foisonnants, la vivacité et le qui-vive de
qui a roulé sa bosse ; une incisive qui manque à sa
mâchoire supérieure lui donne l'air d'un lapin
extrêmement averti. La chambre à l'étage est
petite, monacale, parfaite : un lit métallique peint
en noir avec une rose argentée au pied et au chevet, un duvet bleu qui fait ventre, un lavabo de
porcelaine blanche décorée de clématites, une
petite penderie. Découvert dans mon bagage une
petite flasque d'excellent whisky qui devait faire
partie de mes « emplettes » de Galway. Nous
l'avons dégusté à trois en faisant connaissance.

Comme tant d'îliens, l'oncle a fait sa pelote en Amérique dans toutes sortes de métiers. Pendant des années, il a été soutier sur les remorqueurs qui tiraient les trains de bois flotté à travers le lac Michigan. Lorsque la grande dépression est survenue, il s'est occupé des chaudières d'une gigantesque buanderie tenue par des religieuses irlandaises où l'on étuvait par tonnes les hardes vermineuses des épaves et des chômeurs du Bronx. Malgré l'atmosphère étouffante de la chaufferie et un salaire de famine, le travail lui avait plu : exterminer par millions poux, lentes ou punaises domestiques *(Cimex lectularius)* lui était apparu comme une sorte de croisade.

– Chaque fois que j'enfournais une pelletée d'anthracite, je voyais une rue entière qui cessait de se gratter.

Par je ne sais quelle protection, ce pourfendeur de morpions était ensuite passé sans transition au vestiaire de l'hôtel « Algonquin », de la guenille malodorante à la vigogne et au renard bleu des stars ou des truands. Pour aider à « passer la manche » la distinction naturelle de cet ex-soutier avait fait merveille dans ce monde de parvenus lyriques et généreux. Il avait fait venir son neveu pour l'aider à gérer cette penderie de luxe dont personne ne lui disputait la royauté. Au début des années 70, ils étaient revenus au pays, le gousset bien garni. On leur avait fait fête : ils ramenaient des sous et surtout des nouvelles fraîches ; il y a une grande colonie d'îliens à New York et l'on se sent ici plus proche de Brooklyn que de Dublin. On n'est pas non plus jaloux de ceux qui y réussissent puisque chacun ici a espéré en faire – ou en a fait – autant. Le neveu a construit ce grand cottage juste au moment où le tourisme démarrait. A la belle saison, il accommode et nourrit une douzaine d'hôtes qui sont tous devenus des amis. Il aime cuisiner pour eux, boire avec eux, les interroger.

– Pendant trente ans je n'ai pas cessé d'aller et venir (le nomadisme des jobs américains), maintenant c'est le monde qui vient chez moi : Hollandais, Suédois, Italiens, Américains. Des ornithologues, des botanistes, des linguistes, des philosophes. De mai à septembre, il n'a plus une nuitée de libre.

L'oncle qui lui a mis le pied à l'étrier et qui est à l'origine de son succès est au chaud pour le reste de ses jours. Il s'occupe du potager, de quelques plants de dahlias, promène les chiens, culotte sa pipe et passe au moins la moitié de son temps à se souvenir. Lorsqu'il se souvient à haute voix on est vraiment heureux d'avoir de grandes oreilles. A eux deux, ils forment une équipe parfaite, façon Goupil et Ysengrin. Avec une différence qui les fait vivre dans des mondes distincts, qui fait que l'étranger que je suis doit leur tenir deux discours séparés quant au fond et quant à la forme : l'oncle croit aux esprits, le neveu n'y croit pas.

L'oncle m'a dit : « Si vous allez vous balader, prenez le chien noir, il s'appelle Alabar ; ce n'est pas ici qu'il risque de se faire écraser. »

Le neveu m'a dit : « Quelle idée de venir ici en pleine tempête d'hiver, alors que fin mai nous avons trente-cinq variétés d'orchis et d'anémones sauvages et dix-neuf sortes d'abeilles. Et maintenant : rien, rien de rien. On mange à huit heures, ça vous va ? » Ça m'allait. Et l'idée de me trouver ici n'était pas de moi.

Rien est un mot spécieux qui ne veut rien dire. *Rien* m'a toujours mis la puce à l'oreille. Ce n'est pas parce que la météo a mis ces îles sous narcose qu'elles ont cessé d'exister. La mienne est toujours sur la carte, avec ses huit cents habitants, même s'ils se terrent comme des homards dans leur chaumière pour faire pièce à la neurasthénie qui s'empare de vous après quelques jours de vent continuel.

Empaqueté comme un esquimau, je suis sorti pour voir de quoi ce rien était fait. La nuit montait du sol comme une nappe d'encre, pas une lumière, le noir des murs plus profond encore que le noir des prés. Un vent à décorner les bœufs ; mes poings gelaient au fond des poches. Alabar ne m'a pas suivi longtemps : ce rien ne lui disait rien qui vaille. Il a fait demi-tour et gratté à la porte qui s'est ouverte aussitôt. Je cherchais l'ermitage de ce saint Enda dont les disciples ont fondé Saint-Gall et appris aux rustres que nous étions à se signer, dire les grâces, chanter les neumes, enluminer les manuscrits de majuscules ornées ruisselantes d'entrelacs, de griffons, d'aubépines, de licornes. D'après ma carte, cette tanière serait juste deux cents mètres à l'Est sous la maison. Je ne l'ai évidemment pas trouvée ce soir-là – de jour c'est une taupinière basse, moussue, si rudimentaire qu'à côté d'elle, les borries des bergers de Gordes font penser au Palais du facteur Cheval. Mais j'ai vu – mes yeux s'étaient fait à la nuit – une forme pâle, rencognée dans l'angle formé par deux murets. C'était un percheron blanc si énorme et immobile que j'ai d'abord pensé à une gigantesque effigie abandonnée là par quelque Atlantide, ignorée des archéologues, et que les vents d'hiver auraient débarrasséee de ses lichens et barnacles pour lui donner ce poli et cette perfection d'opaline. Il s'était trouvé le coin le mieux abrité et, le museau collé au poitrail, il n'en bougeait pas pour avoir moins froid. Sans le frisson qui le parcourait de la queue aux naseaux, j'aurais juré qu'il était en plâtre. Quelle idée de laisser un cheval seul dans ce vent cinglant sans même une jument pour le réchauffer! Quelle idée aussi d'aller chercher à tâtons l'ermitage d'un saint mort depuis quatorze siècles, en enjambant des murets de pierres sèches qui dégringolent et qu'il me faut remettre en place. J'étais en train de traverser en catimini son parchet quand j'ai entendu un trot lourd et qu'il m'a presque soulevé de terre en me fourrant ses naseaux sous le bras : des paturons de la taille d'une ruche, et cette présence énorme, insistante, ce museau fouillant dans le chaud comme un boutoir, me promenant comme fêtu jusqu'à la route, laissant sur mon paletot de brillantes traces de morve que j'achève à l'instant de nettoyer. Aucun moyen de m'en débarrasser par un signe de croix ou un goupillon druidique. Il m'a reconduit ainsi jusqu'au mur qui borde le chemin, m'y a tassé comme un torchon à coups de tête, puis il est retourné à ses affaires. Et moi aux miennes dont la première était de retrouver mon logis; en passant d'un lopin à l'autre, je m'étais égaré. La nuit était maintenant si noire que seul le bruit plus clair de mes bottes m'a appris que j'avais regagné la route. A quelques mètres de la maison deux yeux dorés et brûlants qui perçaient l'obscurité à hauteur de ma ceinture m'ont fait tourner la tête : ceux d'un matou, aussi blanc et, pour son engeance, aussi gros que le cheval, qui s'était blotti dans un muret. Son corps épousait exactement les bords de la cavité laissée par un moellon que le vent (que lui?) avait fait chuter. Il ne laissait dépasser que ses moustaches où une miette de morue était restée prise et ce n'était pas cette nuit-là qu'on l'aurait délogé de son alvéole. Son museau froncé n'exprimait que ressentiment et dépit. Que

faisait-il donc dehors dans cette furieuse bourrasque alors que dans les chaumières barricadées
derrière leurs volets tirés et une obscurité trom-
peuse, il y avait – je le sais – un âtre où se tord la
tourbe, un coin éclairé où les femmes tirent
l'aiguille, et les gamins, la langue, sur leurs
devoirs écrits avec une plume à bec d'acier qui
accroche et grince? Un étalon : passe encore. Je
conçois qu'un cheval, surtout de la taille de celui
qui venait de me quitter, pose au coin du feu – et
quel que soit son bon vouloir – un problème volu-
métrique que même un écolier fort en thème
aurait du mal à résoudre. Mais un chat? Flagrant
délit de larcin de poisson séché et foutu à la
porte? Il faudra que je m'informe.

Dîné et bu avec mes hôtes un peu de l'excellent
Chianti offert par une équipe de la télévision ita-
lienne qu'ils ont hébergée l'été dernier, le temps
d'un tournage. Par-dessus le bord de leur verre,
ils m'examinent avec circonspection ; je sens que
ma présence ici, à cette saison, les tarabuste.
L'hiver, on ne voit pas d'étrangers sur les îles,
sinon ici et là un maquignon de Galway, une tzi-
gane qui signale et dénoue les mauvais charmes,
un petit armateur de la côte qui vient débattre le
prix d'une barcasse ou d'un thonier à vendre.
Qu'un journaliste, de surcroît photographe, choi-
sisse le pire moment de l'année (je n'ai rien
choisi : on m'a envoyé) pour leur rendre visite
leur paraît suspect. Ils flairent une magouille là-

dessous. L'an dernier, des promoteurs sont venus sur l'île, posant aux touristes, avant d'être démasqués et poliment reconduits au bateau.

L'exemplaire du magazine pour lequel je travaille et que je leur ai montré n'a fait qu'accroître leur perplexité et, peut-être, leur frustration. C'est un numéro sur le Rajasthan où les saris et les façades tarabiscotées aux tons de sorbet, confits dans le crépuscule, rutilent et dévorent littéralement la page. Ici, pas d'autre couleur que le gris horizon du ciel et des murets de pierres et le vert algue des prés ras. Sévère bichromie lavée plutôt qu'animée par la pâle pastille du soleil que les nuées qui courent vers l'Est à toute allure éteignent plus souvent qu'elle ne la dévoile. Pendant une semaine personne ici n'aura une ombre. Sept ans plus tôt, j'avais fait le tour de l'île au mois de mai. Bon. Elle est cent fois plus belle dans l'absolue sauvagerie des tempêtes d'hiver.

Sous la fenêtre de ma chambre, les brebis du voisin grelottent et font vibrer la palissade de l'enclos où elles sont flanc à flanc, qui chante dans le froid comme la rambarde d'un navire. Avec leurs pattes en allumettes et leur toison frisottée elles font penser à un dessin d'enfant viennois décadent : les carcasses malsaines et efflanquées d'Egon Schiele noyées dans les fourrures de Sacher-Masoch.

Le neveu a monté l'escalier en grommelant : « Cent-trente cinq espèces de fleurs et dix-neuf sortes d'abeilles. » En venant ici hors saison, je le prends à la déloyale. S'il sait vanter ses anémones soufrées, il n'a pas encore appris à vendre du vent. Ce qui est superflu : j'aime la tempête, et le Nord, et l'hiver.

Rien ? Pourtant étalon, matou, moutons, ce bestiaire frissonnant dans ce froid polaire et ce rugissement continuel, ce n'est pas rien. C'est plutôt « autre chose ». Je n'ai d'ailleurs pas tardé à me rallier à ce tremblement général : glissé sous mon énorme couette, j'ai encore entendu un bêlement déchirant et me suis mis à claquer des dents avec l'acquiescement à la fièvre qui se recommande là où il n'y a pas de médecin, sans savoir quelle cousine de ces pucelles m'avait filé, pendant la semaine passée sur la grande île, la paratyphoïde qui allait me faire fondre comme lard dans la poêle.

Kilmurvy, Aran,
le 17 février

Lorsque Edmund Ross, lors de son second voyage arctique (1832) a observé les esquimaux de la baie de Baffin, il a constaté que l'équilibre thermique de l'igloo était tel qu'une seule lampe d'huile de baleine fournissait une chaleur suffisante pour que les femmes, assises sur une banquette de glace, se dénudent jusqu'à la ceinture.

Le peintre de l'expédition nous a laissé une très belle lithographie d'une de ces charmeuses aux nattes épaisses et huilées, aux seins comme des obus. Une autre image intitulée *First encounter* montre les esquimaux courant sur la banquise, les bras levés en signe de bienvenue, au-devant du bicorne galonné de Ross comme au-devant du Père Noël. Ross a la main sur le pommeau de son épée, l'air d'un homme qui ne sait trop quel tour l'affaire va prendre. Très bonne tournure, à ceci près que les esquimaux n'ont pas tardé à se révéler des virtuoses de l'écorniflage sexuel, cherchant à refiler contre de menus avantages à ces Anglais privés de femmes les épouses dont ils n'avaient plus l'usage. Ross qui les juge aussi intelligents qu'adaptables ne s'est pas demandé pourquoi un peuple aussi industrieux – ils n'étaient pas encore minés par l'alcool – n'était pas descendu plus au Sud pour s'établir dans un climat plus clément.

De même, aucune histoire d'Irlande n'explique ce qui a bien pu conduire des Celtes, plusieurs siècles avant Jésus-Christ, à s'installer sur ces îles extrêmes, ventées, séparées par des bras de mer dangereux et qui se présentaient alors comme d'immenses dalles rocheuses absolument nues descendant en pente douce des falaises de l'Ouest vers les criques abritées qui font face à la baie de Galway. Les vastes amphithéâtres de pierre sèche qui s'y trouvent, édifiés bien avant l'ère chrétienne et qu'on désigne – à tort – par le nom de forts (*dunn* en gaélique), suggèrent une population presque aussi importante que celle d'aujourd'hui. Alors? fuite devant un clan rival et vainqueur? mer poissonneuse offrant refuge et survie à des nautoniers et pêcheurs d'une adresse incomparable? On ne sait pas. Et quand a débuté ce travail de Sisyphe qui a transformé la roche en potagers ou pâtures à moutons? Ce n'est pas datable, mais à en juger par la méthode encore utilisée au début des années 30 pour fertiliser ces étendues de pierre nue, on se dit que l'entreprise a dû commencer voici très longtemps, peut-être déjà dans ce Haut Moyen Age où l'Irlande était encore un vivier frémissant d'énergie sauvage et de dynamisme risque-tout. On attaquait le roc au coin et à la masse de fer pour y creuser des sillons parallèles profonds et larges d'un demi-mètre. Avec les fragments de pierre éclatée, on construisait un muret sur les limites de cette rocaille dont on n'était – trop souvent – que locataire. On remplissait ensuite ces tranchées d'un mélange de sable fin et de varech qu'hommes et femmes allaient couper à marée basse et remontaient de la plage dans des hottes de jonc. Lorsque cet amalgame était composé, on y plantait quelques patates ou un peu de seigle pour l'entretien des toits de chaume. Un ou deux ans plus tard, on faisait sauter les arêtes de pierre intercalaires, on élevait et renforçait les murs avec les matériaux dégagés, on épandait sur la surface enclose des couches successives d'algues grâce auxquelles on obtenait, avec l'aide du temps, une parcelle de bonne terre arable. Qu'on ne possédait pas même en propre : au début de ce siècle, une bonne partie des îles était encore en mains étrangères. Il suffisait d'une mauvaise année, d'un fermage en retard pour que le propriétaire (latifondiaires irlandais ou anglais) vous fasse saisir, et expulser de ce lopin dont la valeur avait quintuplé. C'était alors la maréchaussée, accompagnée d'un huissier malodorant dans son costume noir, qui faisait main basse sur un cochon, une génisse, un berceau de saule tressé, un chaudron, un châle de laine... Ces évictions étaient aussi brutales que celles qui, un peu plus tôt, avaient endeuillé l'Écosse. Parfois, les grabataires étaient transportés avec leur lit dehors, sous la pluie, pendant que les gendarmes saccageaient la chaumière et que les vieilles du hameau – toutes un peu sorcières – entouraient ces turpitudes d'un concert strident de malédictions auxquelles le clergé, dans sa sotte suffisance, croyait avoir retiré toute efficace. Je suis prêt à parier qu'une semaine ne s'était pas écoulée sans qu'un de ces gardiens de l'ordre – pandore ou tabellion – n'ait passé l'arme à gauche, emporté par une forme de haut mal inconnue des carabins.

Aujourd'hui, tout ce qui pouvait être repris sur la roche l'a été ; pour l'essentiel l'île appartient à ceux qui, au prix d'un labeur inconcevable, ont fait passer cet immense caillou du gris au vert tendre, l'ont transformé en paradis pour les botanistes et les ornithologues. Lorsque, du haut des falaises de l'Ouest, on regarde cette résille de murets – mis bout à bout : douze mille kilomètres – qui couvre toute l'île et semble la maintenir dans un filet aux mailles serrées, et que l'on considère la rusticité des techniques utilisées, tout ce que les Irlandais racontent avec complaisance sur leur indolence et leur incurable rêvasserie fait figure de calembredaine. Il est vrai que ces mêmes Irlandais se flattent en riant d'être les meilleurs menteurs de la côte atlantique, en quoi ils ont raison.

Le même matin

De la lunette des toilettes où une dysenterie tenace m'a cloué la moitié de la nuit, j'ai vu par la lucarne le jour se lever sur les prés ternes, le lacis de murs gris, la mer d'acier bruni. Dans la grande pièce du bas, les feux étaient tombés. Buvant un thé brûlant, presque solide de sucre, j'écoutais en moi dégringoler la fièvre en me demandant ce que j'allais tirer de cette « leçon de moins ». A neuf heures, Michael et sa Land Rover jaune étaient dans la cour. Pas question d'aller aujourd'hui sur les brisants des falaises de l'Ouest. Trop de vent pour la longue approche qu'on ne peut faire qu'à pied. Sommes partis vers la pointe Nord-Ouest de l'île par une route crevée qui cahote énormément et s'arrête sans crier gare au bord d'une lagune d'eau morte. Il y avait là trois coracles – *curragh*, les canoës que les îliens utilisent pour la pêche côtière – retournés, amarrés par des cordes, attendant la belle saison pour être calfatés et remis à l'eau, et grande sarabande d'ordures et détritus vagabonds qui tournent autour de l'île au gré de la bourrasque et des courants marins. Deux cygnes noirs aussi, de la variété australienne, tirés d'un magasin d'accessoires wagnériens, dormants, flottants, pas concernés du tout. Froid glacial. Le ciel rapide et gris épongeait la lumière. Au Nord, à quelques encablures, les deux îlots de Branlock, inhabités à cette saison. Une désolation indicible. Michael est sorti de la voiture en se battant avec la portière que la tempête lui arrachait. Il porte – je ne l'avais pas vu hier soir – une chaussure compensée et boite bas, sans doute suite à une polio mal soignée. Arrivé sur la grève, il a mis la main en casquette et, le dos tourné à l'Europe, regardant vers l'Ouest où la mer fumait et bouillonnait comme un chaudron, il m'a dit avec une satisfaction laconique : « *Next bus-stop : New York..* » Puis le vent qui forcissait a rendu toute conversation impossible. En dehors d'être là, nous n'avions d'ailleurs rien à nous dire. Les lapins de garenne,

41

petits culs blancs frémissants, s'égaillaient et déboulaient sous nos pieds. Cette grève était un de ces non-lieux que le voyage tient pour nous dans sa manche. J'en avais connu d'autres et je m'y trouvais bien.

Sur le chemin du retour, croisé une charrette dont le cheval s'était emballé. Michael a mordu sur le talus pour lui laisser le passage. Le conducteur de cet attelage qui descendait en catastrophe vers la plage, un gros rouquin arquebouté sur les rênes les a, malgré l'urgence de la situation, lâchées d'une main pour nous saluer avant de disparaître dans un omineux nuage de poussière.

Qu'on soit à pied, à vélo, à cheval, au volant, il est ici inconcevable de croiser quelqu'un sans le saluer. Sur l'île, chacun connaît chacun, mais on touche aussi de l'index le bord de sa casquette pour souhaiter la bienvenue à l'étranger que je suis. Michael me dit qu'on n'est jamais en peine ici lorsqu'on a besoin d'un coup de main. Il pense que cette solidarité à la fois joviale et taciturne est due à l'existence précaire que les îliens ont si longtemps menée. Plus la vie est indigente et frugale, mieux ces bénédictions gaéliques (« cent fois bien venu » ou « cent fois bon retour ») l'allègent et l'aménagent. Il n'y a pas sur l'île de grandes différences sociales. Certains – mes hôtes – sont plus cossus que d'autres, mais la misère d'autrefois a disparu. Ni nouveaux riches, ni pauvres honteux. Peu d'envieux. On est ici très conscient des avantages que présente cet équilibre et l'on s'oppose à ce qui pourrait le compromettre. Une semaine avant mon arrivée, les Aranais s'étaient rendus en masse à Galway pour racheter, en excipant d'un droit de préemption, un grand lopin qui était mis en vente et empêcher la construction d'un complexe touristique qui aurait mis la corde au cou aux familles hébergeant les visiteurs de l'été dans des conditions qu'aucun hôtelier ne pourrait se vanter d'offrir. C'est une hospitalité très personnalisée. On parle, on s'écrit, on se lie, on revient. On paie aussi, ce qui fait mieux que compenser le manque à gagner de la pêche où, depuis quelques années, les prises sont moins bonnes et où le prix du fuel rabote les bénéfices. En outre, ces amis de l'été apportent ici des nouvelles du monde qui aiguisent, si besoin était, la curiosité naturelle des Aranais.

Partout on médit du tourisme : c'est à la mode, c'est de bon ton et souvent justifié. Dans bien des cas c'est un rapport dégradant, pour le touriste comme pour celui qui, avec ses gros sabots qu'on entend résonner à une lieue, cherche et toujours réussit à l'arnaquer. Affaire pourrie faite, de part et d'autre, de mépris réciproque. La plupart des pays qui en vivent ne l'ont pas vraiment accepté ; dès qu'on se retrouve entre soi, c'est pour ricaner de l'étranger grugé. Pas ici : c'est trop petit, trop particulier, trop loin ; la mer est trop froide ou trop forte. L'étranger est considéré comme une aubaine et surtout, comme un Mercure qu'on interroge avec une ténacité discrète. Aubaine filtrée par une méthode qui m'échappe : dans les récits de mes hôtes je ne trouve ni phraseurs, ni « beaufs », ni voyous. Et dans leur livre d'or : un philologue berlinois (le gaélique qui se parle ici passe pour le plus beau d'Irlande), un couple d'ornithologues bataves, des fermiers du « cornbelt » américain en quête de leurs origines et, peut-être, d'une tombe, des Anglais séduits par ces lumières changeantes qui auraient fait craquer Turner, tout un peloton d'institutrices scandinaves théosopho-macrobiotiques au teint parfait, aux genoux ronds, qui collent des scabieuses dans leur herbier, font de la gouache et de la bicyclette, que les robustes veufs de l'île, accoudés aux clôtures blanches de leurs chaumières, regardent passer d'un regard lourd de rêverie, qui ramassent dans des sacs de plastique les détritus que les îliens – pourtant si chicaniers sur la propreté de leurs cottages – jettent absolument n'importe où, et envoient à Noël de ces cartes de vœux résolument boréales qui font que chacun se sent citoyen de l'univers. Les gens d'ici sont fiers de leur île qu'ils ont, littéralement, faite de leurs mains et son excellence n'est simplement pas matière à discussion. Qu'on vienne de loin pour la visiter, quoi de plus naturel ? L'argent ? Bien sûr qu'il joue son rôle, mais les prix sont raisonnables et on se respecte trop ici pour flouer le client.

Comme l'affirme un écriteau dont les lettres d'or flamboient sur fond vert-trèfle dans le seul pub de Kilronan : « INCOME IS NOT EVERYTHING ».

Kilmurvy, le 18 février

Feed a cold, starve a fever. Le neveu n'est pas heureux parce que je boude son excellente cuisine, mais j'ai les gencives trop enflées et douloureuses pour lui faire honneur. J'affame ma fièvre au coin du feu, je bois du thé, j'écoute l'oncle. Je ne me souviens pas d'avoir posé une seule question. Il suffit que je m'installe en face de lui, que je fasse tinter ma cuiller dans la tasse pour que son récit se mette à chantonner comme bouilloire sur le feu. Je ne serais pas là qu'il se redirait toutes ces choses à lui-même. Je suis là, et il remplit de ses récits le vide de cette île que le vent a éteint comme une chandelle. Ce qu'il parle alors c'est le bel américain des années 45, celui de Raymond Chandler, de Dashiell Hammett, de Lauren Bacall, celui du mirobolant vestiaire de l'hôtel « Algonquin », vedettes et maffieux confondus, où il avait fait venir son neveu, où la fortune leur avait souri. De Fred Astaire à Greta Garbo, de Bette Davis à Gene Kelly et aux parrains de la *Cosa nostra* c'était à qui se montrerait le plus généreux. Pour Noël 1950 ils s'étaient fait à eux deux dix mille dollars de pourboire, en plein

« rêve américain ». Puis *Goodbye Manhattan.* Avait-il eu l'ennui ? Au début oui : rangs de perles, peaux satinées, borsalinos luisants, gorges palpitantes et fourbues, voix de braise ou de cristal, ce bal des voleurs en beau linge dont, avec sa finesse naturelle, il percevait très bien que la magie lui avait manqué. Et New York est plein d'Irlandais qui vivent plutôt mieux qu'au pays. De retour, il avait aussi trouvé les choses bien changées.

– Quand je suis parti, le prêtre disait la messe face à l'autel et vous mettait l'hostie dans la bouche. Ce n'est plus ainsi maintenant. Aucune importance ; ce qui compte c'est que la vie est devenue meilleure ici.

L'oncle qui va volontiers à l'église n'a jamais accordé le moindre crédit à ce que pouvait dire le curé.

– Toujours pareil. Il ne parlait que damnation, jamais de *nous*. Vous décoiffiez tant soit peu une jeune fille, vous alliez droit comme une flèche en enfer.

Auquel il ne croit pas du tout. Il croit aux « lieux » (*Ker* en breton). Il connaît dans l'île des lieux – bien circonscrits : un roc fendu par la foudre, une souche de cornouiller qu'on a toujours vue là et qui ne veut pas mourir – pleins de force, d'efficace et de bonté. C'est là qu'il faut aller se recueillir, demander, remercier. Ailleurs, à l'église qu'on laisse un peu aux femmes, c'est du temps perdu. Il ne me dira pas où ni comment les trouver : les découvrir et savoir ce qu'ils nous veulent est l'affaire de chacun. Ils ne se signalent par rien mais restent tapis au sol avec leur charge de cadeaux ou de menaces. Que vous les approchiez par la gauche ou par la droite et votre journée sera différente. On s'est accoutumé ici de toutes ces antiques magies depuis si longtemps qu'elles en prennent presque un tour bonasse et pot-au-feu, tout en tenant de la place. Le clergé qui a toujours craint la nature – au procès de Jeanne d'Arc on lui a fait grief d'avoir dansé sous un chêne à la Saint-Jean – fait ici figure de pièce rapportée avec accessoires et gesticulations superflus. Il n'est pas pris au sérieux autant que je le craignais. Parfois l'oncle interrompt son récit pour mettre sa main devant la bouche et roter discrètement. D'autres fois il s'endort tout de go dans son fauteuil et sa casquette descend d'un cran sur ses yeux. Je vais alors me coucher, ou plutôt grelotter entre lit et toilettes. L'oncle a le sommeil léger et, bien que je me fasse plus discret qu'un rat, m'entend aller et venir la moitié de la nuit à pas feutrés. Ce qui lui donne à penser. Il me traite avec ce mélange de méfiance et de connivence qu'on réserve à ceux dont l'identité n'est pas bien établie.

Kilmurvy, le 18 février au matin

Certains jours, on se passerait d'avoir un corps ; avant l'aube, la colique et la fièvre me laissent

47

quatre heures de sommeil et de répit bienvenus que j'emploie à le séparer de moi. Au réveil, je le retrouve à une bonne longueur de bras. Je le bouchonne, je l'étrille à la brosse et à l'eau froide, je le frotte à l'alcool de camphre, le retourne sans façon en m'amusant de le retrouver chaque matin plus émacié et piteux. Je l'enveloppe de laine et de cuir, l'abreuve de thé très sucré – le seul aliment qu'il supporte – puis je l'envoie sur la route où il se nourrit de vent atlantique et où je le rejoins un peu plus tard sans qu'on ait échangé un mot. Si mauvaise qu'ait été la nuit, quelques bouffées d'air ont suffi à le remettre d'aplomb. Il est là, revigoré, fin prêt pour les entreprises de la journée.

Je me souviens qu'en Macédoine on ne pouvait s'arrêter dans un village – même le plus pauvre – sans s'entendre dire : « Ah, vous êtes venus goûter notre eau », chacun prétendant avoir une source meilleure que celle des voisins. On vous regardait, avec une attention inquiète, boire le verre embué qu'on vous avait tendu, comme un goûteur de grand cru, et vous aviez avantage à ce que vos claquements de langue et compliments fassent le carat. A ce jeu, l'air d'Aran gagnerait tous les concours. Tout le bien que je pourrais dire de celui qu'on respire ici, dans cette météo déchaînée, avec sa saveur de fenouil sauvage et sa vapeur d'eau de mer en suspension, resterait en dessous de la vérité. Il dilate, tonifie, saoule, allège, libère dans la tête des esprits animaux qui se livrent à des jeux inconnus, hilarants. Il réunit les vertus du champagne, de la cocaïne, de la caféine, du transport amoureux, et l'Office du tourisme a bien tort de l'oublier dans ses prospectus. En Inde, j'avais vu des gourous « pneumatistes » enfouir des litres d'air dans leur ventre, puis le restituer, en croquant au passage tous ses éléments nutritifs, comme galettes tirées du four. Sans y prêter autrement attention. Ici, j'en aurai très bien vécu pendant une semaine de jeûne absolu et de marche harassantes, dans une sorte d'ébriété ébahie.

Monté avec Michael jusqu'au hameau de Gortnagapple : trois chaumières sans fumée entourées de touffes d'épilobes roussies par l'hiver. De là, descendant à pied vers l'ouest, on atteint une selle où la falaise rongée s'est affaissée en gigantesques éboulis que les tempêtes d'hiver repoussent chaque année plus loin vers l'intérieur. Des blocs de plusieurs tonnes ont été ripés dans les prés comme simples dés de poker. Une fois traversé ce chaos, on atteint une vaste terrasse calcaire battue par la mer, glissante d'algues, trouée comme un fromage, étoilée de lichens qui vont du rouge sang-de-bœuf au vert Memlinc et étincellent, le bref instant que la mer les découvre, et que nous choisissons pour sauter par-dessus les crevasses au fond desquelles elle tonne comme une bombarde. Michael me précédait pour montrer le chemin; malgré sa boiterie, plus agile qu'un troll. Le visage giflé, les cheveux collés de saumure et d'embruns, nous avions le plus grand mal à tenir debout. Je me demandais ce qui justifiait un parcours si risqué lorsque nous sommes arrivés au-dessus d'un bassin qui forme un rectangle d'une symétrie absolue. La mer qui s'engouffre sous cette terrasse l'a fait éclater en donnant à cette cavité exutoire un tracé si parfait – angles et arêtes nettes comme tirés au cordeau et au fil à plomb – qu'il est impossible de ne pas penser épures, scies de carriers, travail humain, avec cette réserve que ce chaudron de sorcières ne sert absolument à rien. Ce phénomène naturel a d'autant plus intrigué qu'en dehors de quelques systèmes cristallins et plaquettes sanguines, le rectangle est une forme très rare dans les trois règnes, et a donc donné carrière aux hypothèses les plus rocambolesques. On a prétendu que ce bassin était l'orée d'un tunnel qui, à l'âge d'or des Atlantides, reliait l'île à la côte du Connemara, mais les plongeurs qui l'ont explorée par temps calme n'ont rien trouvé qui puisse étayer ces calembredaines. Comme ni les historiens ni les géologues n'offrent d'explication valable à cette énigme, il est plus raisonnable de penser que quand la nature – qui n'a pas d'avis à prendre de nous – veut s'offrir un rectangle parfait, elle se l'offre sans lésiner.

Laissé Michael aux prises avec un paysan qui

remontait de la grève avec une charrette de varech. Ils parlaient gaélique; je sais seulement qu'il s'agissait du prix d'un veau. Suis monté seul en zigzaguant entre gentianes et murets jusqu'au fort de Dun Angeus qui couronne la plus haute falaise. J'entendais sans la voir la mer battre leurs pieds et le courroux du vent qui les prenait de front et cherchait une issue. Je me disais « tout de même... cent mètres » et me croyais à couvert. J'avais tort. Un vent qui prend son élan depuis Terre-Neuve ne s'en laisse pas conter par une falaise, si imposante soit-elle. Plutôt qu'un obstacle, c'est pour lui une devinette dont il connaît depuis longtemps la réponse. Voici comment il s'y prend : il tasse au pied des récifs un coussin d'air; sur ce tremplin, il s'élève puis recommence. Lorsque, ayant achevé son escalade, il atteint le sommet et déboule sur l'autre versant en écharpes ondoyantes et furieuses qui écrasent genêts et chardons, mieux vaut ne pas être sur le passage. A quelques mètres du fort, une de ces rafales m'a pris de plein fouet, jeté par terre et promené dans la caillasse et les ronces comme une manchette de journal. J'ai vu mon lourd sac-photo descendre en caracolant dans le vert des prés et la grande débandade des lapins. Trouvé refuge dans une encoignure du « fort », les mains et le nez saignant d'égratignures. Un pétrel, blessé par la tempête qui l'avait lancé comme une pierre contre la falaise, tournait en boitillant autour de moi. J'ai allumé une cigarette et me suis mis à rire. J'ai toujours souffert de ma lourdeur ; être baladé comme une feuille morte m'avait fouetté le sang. Pour la première fois depuis que j'étais ici, j'ai entrevu le soleil par une fugace déchirure dans le drap sale du ciel. Il s'est bien montré quinze ou seize secondes, le temps de photographier mon ombre pour conserver une preuve de mon passage ici. Quant au reste...

Dun Angeus

Sur la côte Ouest et sur les îles, on trouve plusieurs de ces étranges édifices de pierre sèche. Dun Angeus est le plus important. C'est un hémicycle qui s'élève en gradins autour d'une arène où la roche a été égalisée et qui est exactement bisectée par l'aplomb de la falaise. Vertigineux à-pic là-dessous. Des éclats de basalte plantés obliquement dans le sol, en chevaux de frise, en défendent l'accès et ont accrédité la thèse d'un ouvrage militaire. *Dun* en gaélique veut en effet dire « forteresse ». Ce qui paraît absurde : qui est dedans ne voit absolument rien de ce qui peut se tramer dehors. Ni meurtrière ni créneaux pour surveiller les abords. Escalader en silence le mur extérieur serait un jeu d'enfant, l'autre étant de précipiter les défenseurs surpris de dos dans le vide. J'imagine plutôt un amphithéâtre pour intronisations solennelles, rituels saisonniers, ou pour ces assemblées druidiques où l'on accompagnait le plongeon du soleil dans la mer d'un concert de lamentations. Les manuels scolaires ayant la vie aussi dure que les mythes, on s'obstine à qualifier ces constructions de « forts ». Un professeur de Galway qui partage mes doutes et que j'interrogeais sur ce point s'est contenté de me répondre que s'il fallait beaucoup de temps pour faire entrer quelque chose dans la tête d'un Irlandais il en fallait bien davantage pour l'en faire sortir.

Resté là un moment à écouter les coups de boutoir de la mer, à entendre le vent me braire au nez en tirant comme un voleur ses couvertures de brume, puis redescendu en musardant vers les anses de l'Est. A la baie de Kilmurvy, dans les lopins abrités par leurs murets de pierre, des oiseaux migrateurs s'étaient abattus par centaines, dans un pépiement étourdissant : robe noire et brillante, plastron blanc, aigrette vert bouteille, un peu plus petits que la huppe d'Europe.

Kilmurvy, fin d'après-midi

L'oncle a aussi vu ces passereaux. Il y a quarante ans qu'ils n'étaient pas revenus dans l'île. C'est la vague de froid qui les a amenés ici. Nous avons ensemble retrouvé l'espèce dans un bouquin d'ornithologie, cadeau d'un estivant. Ce sont des merles de Sibérie. Lors de leur dernier passage – l'île était plus pauvre – il en avait plumé quelques-uns pour les mettre à la broche : trop coriaces pour être mangés.

Plus tard

Au coin du feu, je badigeonne mes écorchures à la teinture d'iode, la tête à rien, ronronnant de fatigue. Au fond de moi, quelque part, je sens que la vie s'écoule dans sa liberté parfaite, circule, se partage et roule en gouttes de mercure. Je soupçonne que les idées se rendent visite, que les concepts se défient et s'amusent sans m'avoir invité. Ces jeux dont la faible rumeur me parvient sont hors de mon atteinte. Larbin et portier de moi-même, je me suis une fois de plus laissé enfermer dehors.

Je suis venu ici avec un seul livre. Exprès. Le sentiment d'indigence, de vacuité, de nullité né de ce sevrage n'est pas une surprise mais un exercice salubre. Quand cette insuffisance centrale que j'occultais ou remplissais tant bien que mal avec celle des autres devient intolérable je sais qu'il faut s'accrocher, attendre qu'un verrou saute, qu'une poterne inconnue de moi s'ouvre sur un instant de liberté frais comme une cressonnière.

Patience. L'épuisement physique – j'ai marché toute la journée sans sentir mes jambes – donne une chance de plus à ces tentatives d'évasion ou d'invasion.

Ce livre unique est une anthologie des sagas celtiques dans leur plus ancienne recension. Il vient de me tomber des mains. De trahisons en guets-apens, de promesses remises en serments bafoués ou complots tortueux, je perds le fil de l'histoire et me désintéresse de la façon dont tous ces cauteleux s'exterminent. D'autant plus que les métamorphoses sont si nombreuses et subites, les identités si instables que je ne sais jamais à qui j'ai affaire : si la libellule n'est pas une princesse, si la princesse n'est pas une jument céleste à laquelle un chef de clan lunatique aux cheveux carotte doit s'unir mystiquement dans un énorme chaudron. Vous avez vu une pomme : c'est une sorcière, rouge des méfaits qu'elle va commettre. Trop c'est trop. Je soupçonne les moines copistes d'avoir délibérément truffé ces contes de quiproquos et de rebondissements qui égarent et lassent pour leur retirer le pouvoir qu'ils avaient sur les âmes candides... et les celtisants qui sont à la mode d'avoir ensuite ajouté assez d'astérisques et de notes de bas de page pour tuer ce qui restait de goût au bouillon. Les Irlandais sont les premiers à dire que leur histoire est faite de palinodies et de coups fourrés, ce que je ne crois qu'à moitié.

– Pouah! (l'oncle qui somnolait vient de se réveiller).

– ? ! ?

– Je rêvais de ces oiseaux que vous m'avez remis en tête. Ce fumet de vase.

Kilmurvy, le 19 février
au matin

Une grande femme superbe, en bottes et suroît, yeux bleus et cheveux noirs, est venue avec sa camionnette livrer au neveu le charbon qu'on mélange au feu de tourbe. On la verrait mieux sur le tillac d'un corsaire. Je les entends parler dans la cuisine, et se houspiller gentiment. Rires, bruits de claque, rires. Elle riait encore et secouait sa magnifique chevelure en reprenant le volant. Lorsqu'il est rentré, je lui ai fait compliment de sa belle charbonnière; il m'a regardé avec le sourire comblé de celui pour qui on en fait trop. Pendant un instant, nous étions redevenus deux mômes.

Cet interlude galant et printanier m'a d'autant plus réjoui qu'il fait moins dix-sept degrés dans la cour et que les îliens sont, sur ce point, d'une réserve extrême qui s'accorde d'ailleurs avec leur distinction naturelle.

Ici, les femmes sont traitées avec le respect que leur vaut leur ingéniosité – elles ont la main à tout – leur endurance et leur courage. Jusqu'aux années ´0, la vie était quoiqu'il en soit trop dure pour laisser beaucoup de place à la romance et à

la libido. Aujourd'hui encore, selon Michael, la plupart des filles se marient vierges, les « histoires » sont rarissimes, le crime passionnel laissé aux grandes villes. Il n'y a d'ailleurs sur l'île rien qui ressemble à une prison sinon, au bureau des gardes-côtes, une pièce qu'on peut fermer à clé, le temps de protéger un pochard de sa cuite. Cette retenue n'est pas due à l'influence de la calotte, qui est ici modeste, mais à la force de la cellule familiale sans laquelle, pendant très longtemps, on n'aurait pas survécu.

Lorsqu'on a – cela arrive tout de même – un écart à confesser, les prêtres à l'affût de détails croustillants en sont pour leurs frais. On oppose à la proverbiale indiscrétion du clergé (les manuels de confession où chaque caresse ou perversion à son tarif exact de pénitence sont cent fois plus obscènes que les érotiques des temples hindous) le laconisme local et la litote anglo-saxonne. On raconte ici qu'un paroissien que le curé pressait de questions sur les ébats d'une nuit passée avec une « amie » avait répondu : « Je crois me souvenir avoir somnolé un peu. »

Plus tard

Les Irlandais du *Pale* (les comtés de la côte Est entre le nord de Dublin et Dundalk) ont été exposés aux incursions, occupations et influences successives des Norses, Normands, Anglais qui ont créé un terreau culturel riche, hybride, ambigu. Longtemps, l'Ouest n'a été pour eux que tourbe, orages, patois, moutons, et ils considéraient ses habitants comme des bouseux mal dégrossis. Au moment du *Revival*, fin XIXe siècle, c'est vers ce *Bogland* (pays tourbeux, mais aussi le sens péjoratif de « bled ») que certains intellectuels en mal d'identité se tournèrent. Pas tous : début d'une polémique chicanière et typiquement irlandaise : Yeats envoie Synge aux îles d'Aran pour qu'il y apprenne le gaélique ; Joyce n'y serait allé pour rien au monde, considérant ce retour aux sources comme une imposture rétrograde dont il s'est moqué. Ici, on ne s'est pas préoccupé d'avoir des opinions si arrêtées : on n'avait pas le temps. Dublin ? Le derby, les courses : on s'y intéresse, mais son maire est moins connu ici que celui de New York. S'il y a une pointe de chauvinisme insulaire, je n'ai pas trouvé trace de chauvinisme culturel : pas question de s'assourdir avec ballades, bardes ou binious. Ni de militer pour un gaélisme nostalgique puisqu'on l'a, sans se lever trop tôt ni nostalgie, quotidiennement sous la main. Cette croisade celtisante a surtout été l'affaire d'intellectuels citadins. Synge est retourné quatre ans de suite aux îles d'Aran et leur a consacré un livre, aujourd'hui célèbre, que les îliens citent parfois avec l'intérêt distant qui leur est propre. Ce qu'il pouvait raconter d'eux les concernait beaucoup moins que ce qu'il pouvait leur dire du monde extérieur. Il ne débarquait pas sans s'entendre demander, après les vœux de bienvenue : « Noble étranger, y a-t-il à cette heure une guerre quelque part dans le monde? » La dernière dont ils avaient eu vent était celle des Philippines, terminée depuis deux ou trois ans.

Les gens d'Aran ne font pas davantage étalage de leurs saints qui ont pourtant christianisé la moitié de l'Europe. Je serais tenté de croire qu'ils les ont un peu oubliés.

Kilronan, samedi matin

Le monachisme primitif de l'Ouest irlandais s'est tant nourri des forces sauvages (magie ou météo, c'était tout un) qu'il avait à combattre et à juguler que, pour l'Église établie, il a toujours senti le fagot. Au concile de Valence (IXe siècle) il s'était déjà vu condamner pour « diableries » et, jusqu'au XIXe siècle, Rome n'a cessé de le considérer comme un enfant terrible et de le rappeler à l'ordre. En cours de route il a perdu beaucoup de sa virulence provocatrice et s'est assagi. On trouve encore cependant dans le cinéma ou le polar américains des années 50 quelques figures de prêtres irlandais bagarreurs et risque-tout qui sont les dignes émules de saint Patrick ou Colomba.

Dans les îles, il est loin de tenir tout le terrain, ou plutôt, il a dû se mâtiner et s'enrichir de toutes les croyances et pratiques qui l'avaient précédé ici. Les assurances de l'Église? la protection de la Vierge? Bien!... plus les fées, les jeteurs de sorts, une douzaine de sortes de trolls et quelques souches habitées par l'esprit... encore mieux. Mais cet outre-monde est lui aussi condamné à disparaître, avec ceux qui y croient encore.

L'épicerie du port où je voulais acheter plumes, papier, tabac est fermée. L'église est ouverte. Vu la sortie d'un mariage : les costumes de tweed neuf étincelaient dans le gel, les visages étaient rouges d'excitation. Le curé, un costaud frisotté, distribuait frénétiquement bourrades, poignées de main, accolades, claques dans le dos. Il en faisait trop dans la familiarité forcée, peut-être à cause du froid. Pas l'allure d'un saint homme ni même d'un mage, plutôt celle d'un coach de rugby après un essai transformé.

Pub de Kilronan,
fin d'après-midi

Le pub, fermé lui aussi pour cause de vent, venait d'ouvrir, le temps d'abreuver les laissés-pour-compte de la noce, trop vieux ou trop pauvres pour aller faire, dans un hôtel de Galway, une bombe qui devrait durer au moins deux jours : quatre hommes d'âge indécis en bonnet ou cagoule de laine qui n'ont pas répondu à mon salut. Ils sont au bar à boire de la bière rousse, aussi silencieux et immobiles que des statues de cire. S'ils remuent, c'est seulement l'avant-bras, pour porter la chope aux lèvres, s'ils égrènent quelques mots, c'est au souffle et sans se regarder. Comme s'ils avaient à l'instant reçu la même mauvaise nouvelle sans avoir encore osé s'en ouvrir. Cet accablement est l'effet du vent d'Ouest qui affecte l'oreille interne. Après quelques jours, le tonus diminue, la déprime s'installe, les voix tombent et, comme Synge l'avait déjà remarqué voilà quatre-vingts ans, « tout n'est plus que murmure ». Je connais le « fœhn » (vent du Sud qui traverse les Alpes suisses) dont l'effet, tout aussi pernicieux, rend splénétique les natures les plus joviales, avec cortège de violences et suicides. Jusqu'à la Restauration, les tribunaux de Suisse centrale n'avaient, par temps de fœhn, pas le droit de siéger. Depuis, grâce à une succession de positivistes – savants ou juristes qui désapprenaient la nature – cette sage disposition n'est plus en vigueur.

Le patron du bar participait à cette sorte d'anesthésie prostrée. Il était assis, bras croisés, yeux fermés, sous une pancarte où l'on pouvait lire : « I LOVE MY JOB BUT I HATE THE WORK » (J'aime mon boulot mais pas le mal qu'il donne).

J'étais en train de me dire : « Qu'est-ce que j'ai

au monde à foutre ici ? » lorsque, sur un caprice du ciel, la lumière de fin d'après-midi est d'un coup devenue très belle, faisant briller la branche de gui encore suspendue à la porte, traversant des liquides d'une coloration douteuse. Bref : en dépit de l'indigence du lieu, c'était cette pénombre ambrée, dans la manière des maîtres flamands qui reproduisent sur un flanc de carafe toute la taverne qui remplit leur toile. Trop sombre pour photographier à main levée. J'ai fixé l'appareil sur un petit trépied, l'ai posé sur un coin du bar et, trompé par la torpeur générale, négligé de prononcer le fatidique « ne bougeons plus ! ». Diaphragme : 5,6, pose : une seconde. Précisément celle qu'ils ont choisie pour s'étirer en bâillant et battre des paupières. Au lieu d'un Vermeer j'ai eu un Francis Bacon avec ses contours fondus, glaireux, cirrhosés. Et sans doute plus fidèle au génie du lieu.

Route de Kilronan à Onagit,
fin d'après-midi

Quand j'ai demandé au patron comment regagner la côte toute proche pour rentrer à Kilmurvy par le bord de mer, il m'a répondu : « impossible », voulant dire par là qu'on ne fait pas à pied une telle étape par un temps pareil. Ce n'est pourtant que deux petites heures mais, en bons marins, les Aranais n'aiment pas marcher. Pour se rendre à un jet de pierre ils prennent leur vélo ou attellent une charrette. Ile à carrioles. Traversé un enclos où cinq ânons attachés à un mûrier ruaient et sautaient sur place pour se réchauffer : ânes ou petites mules qu'on trouve un peu partout dans les cours des maisons, sous la colonne de buée qui monte de leurs naseaux. Ils mettent dans ce port endormi par l'hiver une pointe d'allégresse têtue dont il a bien besoin.

Qu'avons-nous à offrir sinon
« le sifflet de métal du courlis
aux yeux qui chavirent de mélancolie » ?
    (John Montague cité par J. Darras.)

Cheminé neuf kilomètres sans rencontrer d'autres signes de vie que quelques foulques et petits échassiers immobiles sur l'eau sombre. Traversé la baie de Manister dont les bords vaseux brillaient encore d'un vert presque noir. Au-dessus de ma tête, des corneilles mantelées – celles du manuscrit de Celse – lâchaient sur la route gelée les moules ou bigorneaux trouvés dans les rochers pour briser leur coquille. Bruit de grêlons sur le sol, coquillages tombés du ciel, confusion des règnes, miracle médiéval! Mais elles se livraient à ce manège sans les craillements, les brusques piqués, la quérulente excitation qui d'ordinaire l'accompagnent. Tout ce bestiaire semblait saisi dans la même névrose atlantique. Le vent qui prend l'île en tenaille derrière le front des falaises m'arrivait tantôt de dos, tantôt de front, pas trop fort, assez froid pour éponger ma fièvre, charriant sa véhémente odeur d'algues, d'iode, de roseaux pourrissants.

Nuit noire, cadence de mes pas sur la route qui sonne comme porcelaine, froissement furtif dans les joncs (loir? ou justement courlis?), autour de moi c'était bien ce « rien » qu'on m'avait promis. Plutôt un « peu », une frugalité qui me rappelait les friches désolées du Nord-Japon, les brefs poèmes, à la frontière du silence, dans lesquels au XVIIᵉ siècle, le moine itinérant Bashô les avait décrites. Dans ces paysages faits de peu je me sens chez moi, et marcher seul, au chaud sous la laine sur une route d'hiver est un exercice salubre et litanique qui donne à ce peu – en nous ou au-dehors – sa chance d'être perçu, pesé juste, exactement timbré dans une partition plus vaste, toujours présente mais dont notre surdité au monde nous prive trop souvent.

Kilmurvy, le même soir

Trouvé mes hôtes d'excellente humeur : le neveu à cause de cette Vénus matinale; l'oncle parce que c'est son état ordinaire mais encore parce qu'il vit à moitié dans un autre monde dont il soupçonne que je fais moi aussi partie à ma façon et qu'il se réjouit de m'en parler. Ils m'ont exposé ce qu'ils pensaient des vertus nationales et respectives de leurs visiteurs de l'été. Sur le palmarès ils étaient entièrement d'accord. Derrière les Américains, intouchables pour des raisons qui sont les leurs, c'étaient les Italiens.

– Pourquoi? (J'aime beaucoup l'Italie mais un Romain est la dernière personne que j'imagine ici. Les Romains ne sont d'ailleurs jamais venus en Irlande et cette absence, avec la grande famine de 1846-1848, est le non-événement le plus déterminant de l'histoire irlandaise.)

– Parce qu'ils s'amusent tout le temps, dit le neveu.

– Les Anglais les suivent d'une courte longueur.

Là, je suis pris de court : tout de même... tout de même, Cromwell, les évictions impitoyables, le *Sinn Fein*, l'Ulster. Ils se sentent très loin de ces problèmes. Ce qui leur plaît c'est la courtoisie anglaise, et qu'ils manifestent à tout propos leur satisfaction.

– Ils se réjouissent même de la pluie, ils vous remercient pour une miette, dit l'oncle.

Les Français? Ils connaissent mal et leur religion n'est pas faite. Une réserve : « L'an dernier nous en avions qui tuaient des lapins à coups de pierre ou de bâton et nous demandaient de les leur préparer... hem! »

Avant la guerre, on mangeait ici ces lapins dont la chair est bien plus fine que celle du lapin d'élevage mais voilà longtemps qu'on ne le fait plus : question de statut, indice d'une aisance nouvelle. Ils sont aujourd'hui si nombreux et faciles à abattre qu'on aurait vergogne d'en trouver un dans son assiette.

Ils trouvent que ces Français devraient marcher avec leur temps. Les Suisses ? Pas de Suisse au livre d'or. Je suis le premier et ils ne sont pas du tout certains que je sois suisse, ni journaliste.

Mangé un peu de l'omelette qui venait d'être servie. Ils étaient surpris de me revoir à table. La route m'avait creusé. Quand je leur ai dit que j'étais venu à pied de Kilronan, poussant jusqu'à la pointe de l'île et revenant ici, ils ne m'ont pas cru. Menteur au pays du mensonge. Pourtant cela fait à peine quinze kilomètres ; je n'ai pas laissé de vélo devant la porte et l'on entend ici, par vent d'Ouest, le bruit d'un moteur à plus d'un *mile*. Alors ? A cheval sur un balai ? Cette explication paraît beaucoup plus plausible ici. L'oncle croit en revanche à ma fièvre dont il semble connaître la nature. Le matin, avant que je sorte – il se lève avant moi pour promener les chiens – ou le soir, quand je rentre, il touche de ses deux index le dessus de mes mains et dit « trop chaud » ou dit « trop froid ». Ce soir il disait « trop chaud » et m'a préparé une tisane pour ramener la température à son thermostat idéal. Une tisane entièrement de son cru et sur laquelle je n'ai posé aucune question. On verra bien : je grelotte misérablement. Ce qui compte, c'est que j'ai eu ce soir le sentiment d'avoir rencontré ce vieillard avant que je sois au berceau.

Kilmurvy, dimanche après-midi

Jamais en Irlande même je n'ai éprouvé un sentiment de plénitude. Quelque chose de blanc, de troué, d'incomplet comme une octave auquel manquerait une note, un échiquier dont on aurait retiré les tours. L'absence d'un son, d'une couleur, peut-être d'une personne me donnait l'impression d'arriver dans l'instant juste un peu trop tôt ou trop tard, de le surprendre en état de manque. Il suffit que la magnifique musique populaire irlandaise s'en mêle pour que ce malaise disparaisse mais l'hiver, tous les bons musiciens sont sur le continent où ils gagnent mieux leur vie.

En Toscane, en Bourgogne, en Turquie de l'Ouest, on tombe sur des paysages qui se présentent au complet, comme à la revue, avec tout ce qu'on attendait d'eux, qui en font presque trop. Pas ici. Dans le comté du Connemara vous voyez de la terre qui moutonne dans deux tons de brun sous un ciel au galop et, seul à mi-chemin de l'énorme horizon, un croquant aussi petit et noir qu'un grillon qui remplit de tourbe noire une minuscule charrette. Une superbe toile si Turner était passé par là, mais un paysage? Plutôt un ensemble négligemment bricolé avec les chutes d'autres paysages mieux foutus. Même un tout petit mangeur de nature – moi – restera sur sa faim. Les Irlandais, les poètes surtout, vous renvoient constamment à cette espèce d'indigence, vous la font sentir avant qu'on ait mis le doigt dessus. Pareillement, ils s'excusent de ce goût qu'ils ont pour l'exagération et l'invention qu'on ne songe pas à leur reprocher et pratiquent une sorte d'autodérision comme pour mettre leur imaginaire à l'abri de la réalité (quelle réalité?).

A l'exception de l'éblouissante floraison (du Ve au XIIe siècle) religieuse, philosophique et artistique, période dont ils pourraient à bon droit se vanter, ils présentent volontiers leur histoire « en creux », comme en négatif : une succession de non-événements, de pans entiers de patrimoine détruits ou emportés par des envahisseurs, de saignées inguérissables ou de rendez-vous manqués. Les Romains n'ont *pas occupé* l'Irlande, la privant ainsi des connivences structurelles – logiques, politiques, urbanistiques, épigraphiques – qui existent entre les cultures de l'Europe du Sud-Ouest. Cromwell et ses fourrageurs ont, à leur ordinaire, démoli ce qu'ils ne pouvaient prendre. Les évictions ont fait disparaître des villages entiers. La grande famine de 1847 a vidé l'île de trois millions et demi d'indigènes, morts de faim ou exilés. Lors de la Seconde Guerre mondiale le pays, par un juste ressentiment que notre ignorance pouvait mal mesurer, s'est tenu à distance, a été soupçonné par l'amirauté anglaise de servir de refuge aux sous-marins allemands et, quatre ans plus tard, ne s'est pas trouvé dans le camp des vainqueurs etc. Quatre siècles d'épreuves et de guignon historique ont rendu l'Irlandais si fataliste qu'il oublie de souligner ce que cette frugalité, cette maigreur, ce manque, comme la quête incessante à laquelle on se livre pour y remédier, peuvent avoir de positif et de précieux.

A la sortie du bourg d'Oughterard, comté de Galway, dans un pré qui borde la route, on voit une stupéfiante cavité hémisphérique, sorte de bol d'herbe rase tondue par les moutons, dont les bords forment un cercle parfait et où on logerait sans peine un autobus.

J'étais là avec un professeur qui pratique ce genre d'humour noir que j'ai évoqué.

– Voyez-vous ce grand trou? Il y avait là autrefois une énorme pierre, ronde comme une boule de billard, mentionnée dans les vieilles chroniques et qu'ils ont enlevée.

– Qui *ils*?

– Les Vikings, les fées, les soldats de Cromwell... On n'a pas la moindre idée.

– Et qu'est-elle devenue?

– On n'en sait rien.

Certes une sphère de granit, surtout de cette taille, est un phénomène intéressant, mais qu'on imagine sans peine. Il suffit de penser marmite glaciaire, météore, ou alors aux boulets de ces balistes byzantines qu'on voit en fausse perspective dans les traités d'Apollodore de Sicile ou de Léon le Stratège, si gigantesques que jamais – les cordes chauffaient, les poulies se rompaient, un centurion humilié s'embrochait sur son glaive – elles n'ont fonctionné. Multipliez ce boulet par cent et toute curiosité s'éteint. Mais cet hémisphère creux, couvert comme un tapis de billard d'un gazon de velours ras qui souligne sa rotondité sublime, cette matrice vert Memlinc au fond de laquelle on voudrait aller s'endormir pour toujours est bien autrement provocatrice et mystérieuse. Des gens sans aveu et qui ont le dessus – les Irlandais ont souvent eu le dessous – peuvent bien voler une grosse pierre et la rouler où bon leur semble, mais pas ce merveilleux écrin qu'elle a laissé en partant.

Dimanche soir

Je voulais aller demain matin photographier les enfants de la classe primaire mais l'école est fermée tant que dure la tempête et l'institutrice en a profité pour aller passer quelques jours à Galway.

— Vous voyez ces gamins sur la route avec leur grand cartable, m'a dit l'oncle, le vent les aperçoit du coin de l'œil qu'il nous les enlève et les pose à Dublin.

Pas même besoin de l'oie de Nils Holgersson. Il se souvient encore très bien de son cartable auquel sa mère ficelait tous les jours une motte de tourbe, chaque écolier devant apporter la sienne. Tant pis : ce soir j'ai tout ce qu'il me faut.

Trop de fièvre pour dormir, juste assez pour délirer agréablement entre l'édredon bleu de Prusse, la lampe à glands de soie jaune, les murs chaulés et nus. En dessous de moi, j'entends le neveu qui soliloque en rêvant, le vent qui tourne et ronfle autour de la maison s'attardant comme un voleur devant portes et fenêtres. L'idée de retrouver l'Europe et mon jardin sous un mètre de neige n'est pas non plus pour me déplaire. Ajoutez l'agréable âcreté de la tisane. Tout ceci me remplit si bien l'esprit que, ce soir, on n'y glisserait pas une aiguille.

Très loin de moi, je vois les mains posées à plat sur la couette : les miennes ; elles dorment déjà et les écorchures de l'avant-veille sont presque fermées. A dix-neuf ans, je voulais en faire des mains de pianiste. Je n'ai pas eu le courage, ou la vie en a décidé autrement. Elles ont donc fait d'autres choses : bricolé des carburateurs ou des arbres à cames, tenu l'acccordéon dans un bar de Quetta, fait la plonge sur les paquebots blancs et défunts des Messageries maritimes, manié des caméras Pentax ou Nikon, chassé – de leur propre initiative et sous diverses latitudes – les mouches à merde qui venaient m'éponger les yeux, caressé force matous puceux et quelques dames, suivi d'un index léger la courbe d'un sourcil pour maintenir un regard dans le mien quand vraiment il fallait que je sache. Pour la musique, je demanderai une autre vie qu'on me donnera, que je ne consacrerai qu'à ça. Bonnes mains, déjà un peu tavelées, assoupies avant moi. Je me suis endormi dans un monde complet. *Carrabas.*

Lundi matin

Une portée de fusil au Nord de ma maison, à la fourche de deux chemins creux, s'élève une grande chaumière de pierre grise. A vendre, déjà vendue? Je ne serais pas acheteur. Malgré ses proportions simples et belles, c'est une des demeures les plus désolantes que j'aie jamais vues. Les grands bacs rouillés qui flanquent la façade Ouest ne sont pas des abreuvoirs à moutons. C'est là que le cinéaste Robert J. Flaherty qui avait acheté cette bâtisse pour le temps du tournage développait à mesure la pellicule de son film *L'Homme d'Aran.*

A la fin du xixe siècle, à l'époque du *Revival* ˋandais, le poète Yeats avait sommé son jeune émule Synge de se rendre à Aran pour y apprendre le gaélique et relever le répertoire des conteurs. Synge qui vivait alors à Paris avait obéi à contrecœur. Un premier séjour dans les îles suffit à le séduire. Il y retourna quatre ans de suite (1898-1902) et en attendit cinq avant de trouver un éditeur pour le livre *Les Iles Aran* qu'il leur avait consacré, et qui n'atteignit alors qu'un public d'irlandophiles et d'initiés. Dont Robert Flaherty, cinéaste américain né dans le Michigan mais d'origine irlandaise. La description faite par Synge dans le plus grand détail de la vie incroyablement laborieuse et frugale des îliens avait piqué sa curiosité. Robert Flaherty dont le père exploitait une mine dans la région des « Grands Bois » (Nord-Canada) avait passé son enfance dans la forêt primitive et la seule compagnie d'indiens ou d'esquimaux. Après des études de géologie, il s'était tourné, à trente-cinq ans, vers le cinéma documentaire et son premier film sur le grand Nord, *Nanouk*, lui avait valu une notoriété immédiate. Il avait ensuite travaillé en Polynésie, seul ou avec Murnau, seul en Angleterre et avait débarqué sur Aran, en repérage, fin 1931, accompagné de sa femme et de trois filles ravissantes. C'était alors un géant de quarante-huit ans aux yeux bleus, aux cheveux déjà blancs. Début d'une aventure qui devait durer deux ans et dont tous les anciens de l'île se souviennent encore aujourd'hui. Et d'un malentendu.

Michael m'avait invité à voir le film dont il possède une cassette. Chez ses parents : deux vieux translucides et fins comme l'opaline, installés au coin du feu dans une pièce d'une austérité janséniste. Lui s'occupe de l'enregistrement des bagages à l'aéroport (s'il faut vraiment l'appeler ainsi); elle tricote de ces incomparables pull-over que les visiteurs de l'été s'arrachent. *L'Homme d'Aran* que je n'avais pas revu depuis quarante ans n'avait rien perdu de sa magie. Flaherty avait trouvé les îles presque telles que Synge les avait laissées trente ans plus tôt. Dans une autarcie encore plus dure à vivre parce que, suite à la récession, l'Amérique s'était fermée à l'immigration et que le poumon new-yorkais ne fonctionnait plus. Il avait passé deux ans à peaufiner un sujet d'une petite heure qui couvre les quatre saisons d'Aranmore, montre l'incroyable violence de la météo atlantique que je vivais depuis mon arrivée ici, l'indigence et l'âpreté du quotidien d'alors qui avaient, elles, entièrement disparu. Autrefois, les légers *curragh* qui montent et descendent comme bouchons sur les plus énormes lames mais qu'il faut par des prodiges d'adresse maintenir toujours face à la vague étaient mis à l'eau hiver comme été, ce qui n'est plus le cas aujourd'hui. Autrefois, on bénissait les tempêtes d'hiver qui arrachaient au fond et précipitaient par tonnes sur la plage ces algues qui étaient la principale ressource des Aranais. On s'en servait non seulement pour fumer et « fabriquer » les champs mais on les vendait, une fois séchées, comme engrais sur la côte de Galway et surtout, on les brûlait au mois de juin dans des fours que chaque famille construisait sur la plage pour obtenir des blocs de soude qu'on cassait à la masse et qu'on exportait dans toute l'Irlande pour faire du savon. Cette fabrication était toute une affaire : il fallait surveiller jour et nuit les fours, réduire ou augmenter l'alimentation en oxygène pour avoir un produit de combustion adéquat. Chaque famille avait ses recettes et ses tours de main. Remplacée aujourd'hui par une production industrielle plus fiable et moins coûteuse, cette activité a, elle aussi, disparu. Flaherty a très bien montré les « travaux et les jours » des îliens... et ajouté des éléments qui leur étaient étrangers. C'était un conteur qui partait d'une réalité et l'enjolivait ensuite à sa guise, parti pris que les Irlandais seraient bien les derniers à pouvoir lui reprocher. Il a ainsi inclus dans son film une scène de chasse au requin pèlerin que les Aranais ne pratiquaient plus depuis soixante ans, la jugeant peu profitable et surtout trop coûteuse en vies humaines, et envoyé des émissaires dans le comté de Donegal où l'on chassait encore ce monstre pour connaître la longueur des harpons, les barbes de leur fer et l'endroit où frapper la proie. Les Aranais s'étaient piqué au jeu et avaient fait, à grand péril, carnage de ce requin qui n'avait plus l'habitude d'être inquiété dans leurs eaux.

Flaherty avait eu le plus grand mal à réunir acteurs et figurants. Dans ces îles où l'on croyait – et croit encore – à d'innombrables formes de nuisances occultes, la caméra pouvait être une sorte de mauvais œil. On craignait en outre que femmes et enfants ne perdent leur religion en travaillant pour un homme qui ne disait pas ses prières et dont on évoquait le « socialisme » dans un souffle prudent. A force de tact, d'obstination, d'intérêt véritable pour la vie des îliens, il parvint à les convaincre que son entreprise n'avait rien de satanique ; la distinction et l'intelligence de sa femme qui était très populaire sur Aranmore fit le reste.

Quand il eut enfin réuni son « plateau » : le père, la mère, le fils, et les équipages des *curragh*, Flaherty leur fit prendre, dans sa méconnaissance de la mer, des risques qui paraissent aujourd'hui invraisemblables et que ses « acteurs » par défi et bravade acceptaient en grommelant. Plus le temps était fort, plus il voulait tourner. Dans une séquence terrifiante de tempête où l'on voit la mère, cheveux défaits, se jeter dans des vagues énormes pour sauver son mari dont le bateau vient de chavirer sur lui, elle – une comédienne sauvage et superbe – frôla la noyade d'un cheveu. Il est impossible de voir aujourd'hui ces images sans penser qu'elles ont été truquées : elles ne l'étaient pas ; ce naufrage n'était pas prévu.

– Je m'en souviens bien, dit le père, j'étais là, j'avais un petit rôle de figurant à mi-hauteur de la falaise. Nous avons tous dévalé sur la plage, voyant ce qui se passait. Cela non plus n'était pas prévu. C'est miracle que ce film se soit terminé sans mort d'homme. Cette femme, Maggie – la mère – vit toujours. Elle ne quitte son lit que deux heures chaque matin et ne veut plus voir personne. Elle pense que la terre entière l'a vue dans cette minute d'agonie et qu'elle a été grugée. En tout cas, elle ne veut plus entendre parler de cette histoire.

Le film fut présenté à Londres, au « Gallery Theatre », fin 1934. Les principaux protagonistes étaient venus d'Aran, invités par Flaherty. Quand le public les reconnut, groupés dans une loge, il se leva pour les ovationner. Tous voyaient Londres pour la première fois. Le couple Flaherty leur fit faire la tournée des grands-ducs : la Tour de Londres, le musée Tussaud, enfin un cirque dont ils ressortirent convaincus que si les chevaux étaient de vrais chevaux, les écuyères appartenaient au *side* (le monde des fées) puisqu'elles étaient plus souvent en voltige qu'en selle ou les pieds au sol. Pat Mullen, un homme d'Aran qui fut l'assistant et le *factotum* de Flaherty tout le temps que dura l'aventure, raconte dans ses souvenirs que rien ne put les en faire démordre. De même, beaucoup d'entre eux, à lire les coupures de presse que Flaherty leur envoyait et qui étaient toutes élogieuses, se persuadèrent qu'il s'était fabuleusement enrichi à leurs dépens. Ils prenaient le bateau pour aller voir au cinéma de Galway Tarzan ou Robin des Bois passer d'arbre en arbre en chevauchant des lianes, jugeaient que cette gymnastique était un pique-nique comparé aux risques qu'ils avaient pris entre les brisants sur une mer démontée et qu'ils méritaient au moins le tarif « cascadeur » qui, à l'époque, n'existait pas. Ils avaient tort : Flaherty avait consacré deux ans de sa vie à les faire connaître, rendant bonne justice à la noblesse fruste qu'on trouve ici. Il avait laissé dans l'entreprise presque tout l'argent que ses films précédents lui avaient rapporté. Il payait correctement si l'on considère le contexte, l'époque et le train modeste qu'il menait lui-même. Beaucoup de ceux qui avaient su garder cette manne avaient pu acheter la maison et le lopin dont ils n'étaient que locataires. Les autres, les paniers percés, lui en voulaient. Flaherty avait si peu fait fortune que son dernier film, *Louisiana Story*, fut financé par une compagnie pétrolière et, malgré son succès, ne l'enrichit pas davantage. Entre-temps l'Irlande avait traversé la Seconde Guerre mondiale, dans cette neutralité jugée suspecte, et quelques spectateurs du film étaient venus sur les îles en curieux. Ce n'était pas encore le tourisme mais c'en était l'amorce. Lorsque, à la fin des années 40, Flaherty revint à Aran, il y reçut un accueil mitigé. Certains de ses amis d'autrefois vinrent l'attendre à la jetée, d'autres lui fermèrent leur porte au nez. Il dut souffrir de ce malentendu et ne prolongea pas son séjour. Après *Louisiana Story*, son chef-d'œuvre, il renonça au cinéma et mourut trois ans plus tard en 1951...

... La cassette s'était terminée sur la vision de trois hommes qui abandonnent un *curragh* en pleine panique et s'esquivent tout de biais comme des crabes dans les rochers avant qu'une immense lame ne réduise leur esquif en miettes. Et ce n'était pas *du cinéma*. Nous avions tous les larmes aux yeux. Le père a remis de la tourbe dans le feu et a dit :

– Je pense qu'il a été tout à fait honnête, et roulé d'une autre façon que nous. Il a en tout cas mis ces îles sur la carte d'Europe ; avant lui personne ne savait que nous existions.

Moi qui pensais passer cette fin d'après-midi à siroter du *potcheen* – un whisky blanc distillé en douce par les gens du Connemara et qu'on boit ici sans en faire mystère – j'en suis pour mes frais. Mon ami et ses parents appartiennent à une secte de l'église d'Écosse où l'on ne boit ni ne fume. Pendant la « grande famine », des Écossais, eux-mêmes exilés en Ulster après les évictions et qui s'étaient refaits, à force de labeur, de rigueur et de frugalité, étaient venus dans les régions les plus touchées de la côte Ouest d'Irlande pour ouvrir des cantines, nourrir leurs compatriotes catholiques, avec, bien entendu, l'espoir déçu de convertir les plus faméliques de leurs protégés. Beaucoup sont restés sur cette côte et y ont fait souche. Quelques-uns sont passés sur les îles où ils ont été bien accueillis. C'est même à un révérend anglican qu'on doit les premiers travaux sérieux sur les « forts » d'Aran et une datation qui s'est révélée correcte. Qu'on soit catholique, baptiste ou presbytérien, l'alcool est très mal porté ici : c'est un caprice que la nature fait payer trop cher. Comme chez nous en haute montagne, elle est trop dangereuse. Passer, l'hiver, un sentier chevrier vertigineux ou maintenir par gros temps un *curragh* face à la vague ne sont pas des exercices auxquels on se livre longtemps avec un verre dans le nez, et si vous prenez de travers une lame qui remplit le bateau vous avez toutes les chances de vous retrouver au cimetière, dans le petit quartier des pochards. On ne boit donc que lorsque toutes les embarcations sont soudées par le vent à la côte. Pas vu d'ivrogne ici, qui seraient pourtant les seuls à vouloir sortir par ce vent dément. En fait, depuis mon arrivée dans l'île, je n'ai parlé qu'à huit personnes, ce qui me suffit largement.

Quitté la maison de Michael à la nuit tombée et marché jusqu'au cimetière qui borde la baie de Kileany. Vue magnifique sur la mer de satin noir et remuant. Circulé entre les tombes que j'éclairais de ma lampe de poche : couronnes de perles violettes que j'aime et qu'on retrouve, comme les couples de pies, d'ici jusqu'à l'Oural, hideux angelots de porcelaine, sortes de cupidons gras à lard à l'expression fourbe et sans âge. Être encore coiffé par ce mauvais goût, alors que le corps se défait pour partir ailleurs ! Il y avait effectivement quelques sépultures groupées dans un petit lopin à l'écart. J'ai lu les inscriptions : tous des marins perdus en mer mais rien n'indique que l'alcool y soit pour quelque chose. Je crois que Michael a inventé cette histoire par goût de l'austérité et de la mortification. Retour nocturne par la mélancolique route du Nord. A ma gauche, à plus de trois miles, j'entendais le tambour de la mer contre les falaises. A la maison, tout dormait. Monté dans ma chambre j'ai regardé la carte. J'avais marché aujourd'hui près de vingt kilomètres dans une sorte d'ébriété, comme sans m'en apercevoir. La fatigue aura peut-être raison de la fièvre : il faut épuiser les maladies qui nous visitent; le plus souvent, elles lâchent prise avant le corps.

Kilmurvy, mardi matin

Toutes les perversions de l'âme
je les ai apprises dans une
petite ferme
comment faire du mal au voisin
par la magie, comment haïr.
(M. Hartnett, cité par Serge
Fauchereau dans *L'Irlande, un lieu*)

J'entendais le neveu et l'oncle se passer le téléphone, se l'arracher plutôt. Ils parlaient anglais. J'ai deviné sans peine que c'était l'amie de Dublin qui m'avait trouvé cette chambre ici qui appelait pour prendre de mes nouvelles. Ils avaient dû lui dire que je dormais encore. J'ai donc fait semblant de dormir et j'ai eu le portrait robot de « l'étranger-sur-l'île-en-hiver ».

Le neveu : « Il ne mange rien de ma cuisine, il tourne la nuit autour de sa chambre, il passe ses journées sur la route ou au pied des falaises. »

L'oncle : « Il est fiévreux la nuit et vivant la journée. Ses mains sont brûlantes ou glacées. Ce n'est pas un journaliste, il n'a presque rien écrit. » (C'est vrai.)

Et il a conclu en riant : « C'est une personne du *side* » (de l'outre-monde).

Il m'avait déjà raconté comment il avait perdu un frère aîné ensorcelé et, pour lui, cet outre-monde relevait de la simple évidence.

Le lecteur va se dire : « Et voilà les fées! En Irlande vraiment, pas moyen d'y couper. »

Il ne s'agit pas de fées, mais ici – justement parce que les Romains ne sont pas venus – le surnaturel et l'étrange font partie intégrante des tracas quotidiens. Je ne dis pas cela par un engouement pour l'occulte. « *On n'est pas mage dans la mesure où un romantisme vous y pousse : on est mage ou on ne l'est pas. Le plus souvent on ne*

82

l'est pas », écrivait Charles-Albert Cingria avec la pertinence qui est toujours la sienne. Je ne le suis pas, mais ici, on l'est – comme en Corée ou au Tibet – un peu plus souvent qu'ailleurs. La vie est un jeu de l'oie où l'on passe sans cesse du raisonnable à l'imaginaire qui est fort, nourri, pris en compte. Il ne faut pas se laisser abuser par l'extrême complexité de la mythologie celtique ni par l'inconstance de ses héros – tel qui s'était levé du bon pied, en redresseur de torts, se retrouve le soir parricide ou adultère – qui déconcerte notre manichéisme et parfois laisse le lecteur en route. D'abord, ces palinodies et reniements sont dans notre nature, ensuite, pas besoin d'une boule de cristal pour deviner que beaucoup de cette complexité et de ces redondances sont plaquées, dues au fait que ces légendes ont été consignées, perdues, récrites cent fois, avec érosion du sens et rajouts d'enjolivures qui diluent leur efficace et leur venin. A l'âge d'or de l'Irlande, l'encre n'était pas sèche sur la page du moine-copiste que déjà un Viking sorti de son drakkar, ou un visiteur de l'outre-monde, surgissait pour la détruire ou l'emporter. Le *Lebor Gbala* – Livre des invasions – recension du xiie siècle d'une chronique sans doute plus ancienne fait état d'envahisseurs historiques et d'autres... et cite, à côté des quatre provinces de l'Ulster, du Connaught, de Liester et de Münster, une cinquième contrée qui est le monde du dessous, le *side*. On y accède par les sépultures (*shid*) des premiers occupants de l'île, vaincus par les Celtes au début du premier millénaire avant Jésus-Christ et réfugiés dans son sous-sol – grottes, tombes, sources – d'où ils ressortent quand bon leur semble pour prendre leur revanche ou demander justice, en revêtant l'apparence – humaine, animale, végétale – qui convient le mieux à leurs projets. Les textes du Moyen Age irlandais s'appliquent, par des artifices peu convaincants, à définir et surtout, à limiter, les pouvoirs de ces fantômes vaincus.

A Aran où tout est passé par la tradition orale, les agissements et méfaits de nos voisins du sous-sol sont rapportés dans un langage plus direct, actuel et d'autant plus menaçant qu'on vient souvent d'en faire les frais. Ce qui fait la force des histoires qu'on peut entendre ici, c'est leur simplicité. Il est faux de penser que lorsque la vie est faite de peu, on brode. C'est le contraire : avec un vent de quatorze Beauforts qui condamne trois mois sur douze les îliens à un mutisme presque total on n'a pas le temps d'enjoliver, on va à l'essentiel. Il y a ce monde parallèle. Il y a ces créatures qui en sortent, parfois vous aiment, parfois vous aident, bien plus souvent vous enlèvent ou vous tuent. Les garçons en bas âge sont les plus menacés. Sur l'île d'Inishmaan, juste au Sud de la mienne, Synge est témoin de ceci : un jour de l'hiver 1901, une étrangère vêtue en citadine monte la rue du village, voit un gamin jouer

devant une chaumière, le regarde et dit douce-
ment : « Quel beau petit. » La mère, aussitôt sur
ses gardes, veut cracher sur la tête de l'enfant
pour conjurer le charme mais sa bouche est
sèche. Elle veut dire : « Dieu le bénisse » mais sa
gorge est nouée. Le même soir, l'enfant a une
plaie au cou, délire, et dit qu'il va partir en Amérique. Dans le placard où on les conserve, les
patates à ensemencer se couvrent de sang. La
même nuit, le petit ensorcelé meurt. L'inconnue a
bien entendu disparu en fumée. Vu, choisi,
envoûté, tué : aussi simple qu'un télégramme.

On appelle ici ces visiteurs de l'ombre *the good
people* (les bonnes personnes), antiphrase qui
devrait apaiser leur rancœur. Jusqu'à la Seconde
Guerre mondiale, on habillait les garçons en filles
pour tromper ces bonnes personnes. L'oncle m'a
raconté que jusqu'à quatre ou cinq ans, on ne le
laissait pas sortir seul sur le seuil et qu'il s'embar-
rassait les pieds dans son jupon. Pat Mullen,
l'assistant de Robert Flaherty, a porté jusqu'à sa
puberté une jupe de tweed qu'on allongeait
chaque année en défaisant l'ourlet. Par paresse
intellectuelle, ces bonnes personnes, le plus
souvent féminines, sont qualifiées de « fées », ce
qui suggère des images de papier cartonné
à-découper-selon-le-pointillé de pucelles en hen-
nin munies d'une baguette d'où s'échappe une
limaille d'étincelles électriques. Faux. Les bonnes
personnes peuvent prendre l'allure de n'importe

quoi qui trompe. Ici, les plus communs de nos visiteurs sont des fillettes d'une toise et demie de haut qui montent du sol à la nuit tombée et dansent en rond dans le creux des dunes. D'après l'oncle qui les a vues deux fois, elles sont coiffées d'une sorte de bonnet phrygien qui couvre leurs sourcils. Elles passent pour posséder le dixième des richesses de l'île, sont d'une malfaisance vipérine, mais il arrive parfois qu'elles s'éprennent d'un homme et fassent sa fortune. Ce sont elles qui, sous des déguisements divers, enlèvent les garçons, les tuent ou les élèvent sous terre pour en faire leurs amants car leur fringale érotique n'est pas limitée par leur petite taille. Ces captifs vieillissent et grisonnent à satisfaire les appétits et caprices de ces maîtresses enfantines qui, elles, ne vieillissent pas. Parfois, elles envoient leur compagnon aux nouvelles dans le monde du dessus pour obtenir un renseignement, délivrer un message, retourner un cadeau ou agencer quelque mauvais coup. Ces émissaires ne se distinguent en rien de vous ou de moi. Ce qui pourrait cependant les désigner à un œil exercé c'est, dans leur costume, une pointe d'élégance surannée – un gilet de satin jaune, des boucles d'argent aux souliers – mais surtout qu'ils bredouillent lorsqu'il s'agit de citer – ce qui se fait toujours ici – amis communs, cousins ou parentèle. Lorsqu'ils se voient percés à jour, ces imposteurs disparaissent comme une bouffée de vapeur. Ils ne tromperaient pas longtemps la vigilance de l'oncle qui a ajouté : « Il suffit d'ouvrir le bon œil » en me dévisageant d'un air entendu (au fait : pourquoi m'a-t-il dit ça ?) et auquel le *side* n'inspire aucune crainte. Il en parle comme le guide Baedeker des jardins Boboli. De plus, les lieux auspicieux qu'il connaît peuvent efficacement contrer les mauvais sorts, pourvu qu'on s'y prenne à temps. Avant son départ pour l'Amérique, au début des années 30, celui ou celle qui se sentait victime d'une manigance occulte allait trouver une femme de Kileany qui lui disait : « Allez à tel endroit, sous telle pierre et ramenez-moi un galet blanc, une racine noire », Dieu sait... ensuite, il fallait tuer un coq ou un mouton et le maléfice était réduit en eau.

La présence comme les incursions incessantes des bonnes personnes ont, depuis des siècles, été pour les curés irlandais un souci et un casse-tête. Puisqu'on ne pouvait s'en défaire, il fallait bien les caser quelque part dans les Saintes Écritures. La solution qu'ils ont trouvée sent à plein nez le bricolage et la panique. Je ne la donne ici que pour m'en débarrasser : alors que Lucifer et sa bande de mutins dégringolaient du Ciel comme billes de plomb, un archange serait intervenu pour que ceux qui étaient encore en l'air y restent suspendus au lieu de tomber dans les chaudrons infernaux. Ils y flottent donc, presque à portée de voix, peu rassurés sur leur sort et, selon Synge, « faisant du grabuge ». La version celtique : cette défaite, ce partage injuste, ce marché de dupes que « les autres » contestent en venant tracasser les Irlandais sans répit et semant entre eux la zizanie est autrement éclairante. Impossible d'ouvrir un journal – même celui des courses – sans trouver trace de ces perturbateurs.

Déjà, pour le neveu, ce légendaire n'est que fadaises. Pas pour tous. Lorsque ces ombres auront perdu définitivement leur empire, elles conserveront encore cette ultime vertu du folklore fantomatique japonais qui est (vous prenez une histoire au hasard, vous en dévidez un tout petit bout en grommelant) d'envoyer au lit les gamins braillards et récalcitrants, muets de terreur.

Kilronan, mardi après-midi

Trou dans la tempête. Il y a ce soir un vol pour Galway. J'ai fait mon sac, dit adieu à mes hôtes et pris la route de Kilronan. L'épicerie était pour la première fois ouverte. J'aime beaucoup les épiceries qui fournissent assez bien l'inventaire moral d'un lieu. Une clochette argentine et grave, aussi forte que celle des gares d'autrefois, a ponctué mon entrée sans faire apparaître personne. J'ai regardé : outre les boîtes de thé, de thon, de sardine qu'on s'attend à trouver dans ce genre de lieux, il y avait : du tabac à chiquer en tresses ; des portraits de Jean-Paul II dans un bois rouge vernissé, dégueulasse ; une grande coupe de porcelaine blanche remplie de pommes flétries (cinq *cents* la pièce) ; des œufs vert mouchetés de noir de je ne sais quel volatile marin ; des pierres à aiguiser cylindriques bien plus pratiques que celles de chez nous qui sont quadrangulaires ; une énorme bonbonne de whisky blanc renversée et munie d'un clapet pour servir le client à la portion ; de longs bas de laine non dégraissée teints en indigo et de ces briquets à mèche d'amadou qui ne fonctionnent bien que par fort vent...

J'en étais là de mon examen quand j'ai entendu la joyeuse cascade d'une chasse d'eau. L'épicière est apparue : alerte, tavelée, frisottée, les yeux pers et mobiles. Elle avait une petite croix faite avec de la suie sur le front et m'a aimablement dit en guise de bonjour : « *Ashes to ashes and dust to dust* » (la cendre retourne à la cendre, la poussière à la poussière). Je lui ai fait remarquer que, pour le mercredi des Cendres, elle avait un jour d'avance et qu'il fallait attendre à demain. Elle a ri, craché dans sa paume et s'est débarbouillée. J'ai compris ainsi que j'étais le premier client de la journée. Il y avait au-dessus de la caisse un de ces écriteaux que je commence à aimer :

WE KNOW THAT EVERYBODY HAS A PROBLEM
BUT WE WOULD HATE TO HEAR ABOUT IT

(Nous savons que tout le monde a des problèmes mais nous aurions horreur d'en entendre parler.)

J'ai voulu lui acheter cette pancarte qu'elle n'a pas voulu me vendre, m'assurant que je trouverais – mensonge irlandais – la même à Galway. Ce n'était pas vraiment un problème. Le seul qu'elle me laissait après ces quelques jours fiévreux était celui qu'elle avait évoqué trop tôt dans son étourderie : *Ashes to ashes and dust to dust.* Quelque chose clochait dans cette maxime funèbre : avec un vent pareil, rien ne retourne à rien. Un mensonge de plus ? Bien probable.

LES CHEMINS DU HALLA SAN
OU
THE OLD SHITTRACK AGAIN

Prélude à la Corée,
Kyoto, 1970

Il y a, sous les escaliers inégaux et fantoma-
tiques de Yoshida-Shimoodji, juste sous notre
ancien logis, entre une touffe d'épilobes et un sorbier, une rôtisserie coréenne de la taille d'un buf-
fet normand. On n'y ferait pas entrer un poney.
Elle est tenue par une veuve et sa fille. Quand je
m'y installe, la mère vient s'asseoir en face de
moi, pose sur la planche qui fait office de bar un
brasero et me prépare mon repas en y faisant
griller de menus morceaux de viande jaune ou
rouge (chien? rosse équarrie?) marinés dans une
sauce à l'ail, qui se couvrent de cendre fine et
prennent la couleur de son visage. Elle tire sur sa
clope plantée tout de travers dans son *kiseru*
(fume-cigarette en bambou dont l'extrémité de
laiton a la forme d'une petite pipe) et me regarde
sans mot dire. Sur ce visage gris et lisse : patience,

malice, une sagacité qui sait se terrer et attendre, et l'orgueil d'être, avec sa fille, les seules étrangères à tenir commerce dans ce quartier.

Il faut avoir vécu ici pour mesurer la victoire que cette reconnaissance représente. La plupart des Japonais font peu de cas de la Corée et des Coréens, en oubliant ce qu'ils doivent à une culture qui leur a transmis, entre autres choses, l'écriture chinoise, le bouddhisme, certains secrets des arts du feu, plusieurs sortes de divination et quelques animaux magiques. Cadeaux que les Japonais ont retourné sous forme d'incursions de pirates tatoués jusqu'aux yeux, d'expéditions militaires dévastatrices puis, de 1910 à 1945, de brimades colonialistes et de horions, alors que l'Occident qui avait privé le Japon de sa part du gâteau chinois et de sa victoire contre l'empire russe lui avait donné, comme os à ronger, la Corée. *« Je vous fouetterai avec des scorpions »* déclare le gouverneur militaire Terauchi à ses administrés coréens qui tentaient d'attirer, en 1916, l'attention des Alliés sur le sort de leur pays. Il fit de son mieux pour tenir parole : lors de démonstrations non violentes, il y eut, trois ans plus tard, huit mille morts, quinze mille blessés et cinquante-sept mille arrestations parmi les civils coréens. En 1969, l'historien japonais Kiaoki Murata pouvait écrire qu'en regard de l'occupation japonaise, celle de la Tchécoslovaquie par les Russes était « un simple pique-nique ». Pendant

ces trente-cinq ans de domination totale, beaucoup de paysans coréens dépossédés par des
colons absentéistes sont venus chercher pitance
au Japon, grossissant le prolétariat urbain, la
petite et la grande truanderie, sans jamais s'inté-
grer. Ils vivent ici en marge, ce sont les *graeculi*,
les affranchis des comédies de Térence ou de
Plaute, souvent plus futés que leurs maîtres. Les
Japonais leur envient leur débrouillardise inso-
lente, leur génie de l'arnaque et disent lorsqu'ils
se sont fait rouler, posant sur leur tempe un index
dépité : « *Kankokujin, atama ga ioï* » (les Coréens,
ils en ont là). Il faut en « avoir là » pour survivre
dans une société qui vous ignore ou vous refuse,
et la troisième page des journaux s'étend sur les
escroqueries et combines souvent hilarantes de
ces « Pieds nickelés » asiatiques.

Pour toutes ces raisons c'est volontiers que la
veuve s'installe en face de moi et me prépare cette
viande plus dure que cuir. Moi aussi, je suis étranger. Avant, elle avait un époux, une pompe à
essence et un petit atelier mécanique à la sortie
sud de Kwang-ju qui est, depuis mille ans, la ville
des fortes têtes, des poètes frondeurs, des étudiants rebelles, le cauchemar du pouvoir central
qu'il ait été de Séoul ou de Tokyo. Tout s'est
envolé dans le souffle des bombes et le feu du
napalm. Maintenant, elle a ce minuscule troquet,
cette fille, belle, dure comme fer, qui l'assiste et
sans doute, couche un peu, et un petit-fils, râblé de

cinq ou six ans, le crâne rasé couvert de poudre blanche contre la bourbouille, qui imite tous les héros de bande télévisée avec une voix d'outre-tombe, ne respecte rien (quel repos ici) et dont le père est lui aussi une ombre. De temps en temps, un « journaleux » harassé, un chirurgien venu de l'hôpital voisin ou un de ces poètes symbolistes – ils sont nombreux ici entre pivoines et glycines – qui portent un béret basque en hommage à la France, viennent s'abattre au coin du bar comme moineaux tombés du nid, sont bientôt pompettes, – ici, un rien d'alcool suffit – drôles dans leurs jérémiades conjugales, touchants dans une fragilité fine, amicale puisqu'elle se montre, me laissant des adresses qu'ensuite j'égare. Trouvez-moi un lieu plus agréable! C'est dans ce flottement un peu étourdi de saké (alcool de riz) que je me suis fait mes rares et fugaces amitiés japonaises...

J'étais le dernier client. Après que j'ai payé, la fille m'a adressé un sourire de deux ou trois centimètres, ciblé comme une flèche pour arriver jusqu'à moi et pas plus loin et, comme je franchissais le seuil, elle a tiré d'un petit coup sec sur un pan de ma chemise qui dépassait pour me faire savoir qu'elle était seule, tandis que la mère observait ce manège en bonne maquerelle sereine, faite à beaucoup, experte à vous tirer des sous. Dehors, la nuit était exquise, le chemin ameubli par ces légères pluies de mai qui passent et s'en vont. Elle m'a rejoint dans la rue pour me rendre le linge et la savonnette – je sortais du bain public – que j'avais oubliés sur le comptoir. Elle a fait quelques pas à mes côtés, en silence. Vingt-cinq, trente ans? Vraiment belle et souple comme une tige d'acier. J'aime les femmes qui se déplacent sans faire aucun bruit et dont les yeux baignent dans l'eau de source la plus pure. Je n'aurais pas eu le cœur ailleurs, je l'aurais peut-être suivie. Tout de même, cette viande rouge qu'elle découpe en lanières à longueur de journée et son couteau d'acier bleu m'auraient sans doute retenu. Et, pour être à ce point silencieuse, c'est peut-être une renarde. Les renards sont ici servants de la déesse Inari, patronne de la riziculture et des tractations fructueuses. Les renardes, en revanche, sont de redoutables magiciennes qui, sous la forme de séductrices d'une élégance vertigineuse, peuvent conduire un homme, un clan, un empire à leur perte avant qu'elles ne retrouvent leur fourrure rousse et le silence nocturne des bois. Venues très anciennement d'Inde, pays des réincarnations, ces drôlesses malfaisantes avaient traversé le Tibet, atteint la Chine où, transformées en favorites pernicieuses et de mauvais conseil, elles avaient poussé les derniers empereurs de la dynastie T'sin à commettre assez d'iniquités pour leur coûter leur trône. Au VIIIe siècle après Jésus-Christ, un lettré japonais du nom de Kibi Daïjin, de retour d'une mission culturelle dont l'essentiel était de dérober aux

Chinois leur calendrier lunaire, quitta la côte Ouest de la Corée, embarquant à son insu sur sa jonque une de ces sorcières – en japonais *kitsuné* – dont l'arrivée sur l'archipel en 758 fut aussitôt suivie de troubles politiques, révolutions de palais et par la tentative d'usurpation du bonze Do-kyo. Jugeant qu'elle avait fait assez de grabuge, la renarde disparut pendant deux siècles qu'elle occupa à mettre au monde une nombreuse progéniture. Au Xe siècle, l'astronome Yasounori, bouddhiste fervent, sauva lors d'une chasse à courre une renarde blessée qui se trouvait être une *kitsuné*. En gage de gratitude, celle-ci prit la forme d'une fiancée dont Yasounori attendait la venue, lui donna trois ans de bonheur, un fils et, sa dette une fois payée, disparut, laissant sur le carreau de papier d'une fenêtre ce poème :

> *Koïshikouba*
> *tadzouné kite miyo*
> *idzoumi naru*
> *Shinoda no mori no*
> *oura ni koudzou no ha*

> *Si vous êtes encore épris*
> *au fond des bois de Shinoda*
> *là où naît une source*
> *vous trouverez en souvenir de moi*
> *une feuille de marante.*

Comme on pouvait s'y attendre, Abé-no-Semei, fils de l'astronome et de la renarde, fut un redoutable magicien que l'estampe représente parfois fendant la nuit sur le dos d'une chauve-souris. Il était capable de découvrir les *kitsuné* et démasqua l'une d'elle qui, sous l'apparence d'une impératrice japonaise, plongeait, par ses extravagances, le pays dans la consternation. Aujourd'hui encore, dans la province de Fukui, face à la Corée, certaines familles de paysans fortunés passent pour élever en secret des renardes, et sont plus craintes que la peste.

Il avait fallu la lecture de ce poème pour que je m'avise que plusieurs renardes avaient déjà traversé ma futile existence. A mon insu évidemment. Et pour que je me tienne à carreau.

The « old shittrack »,
Kyoto, 1970

« *Entre dans la forme, sors de la forme, et trouve ta liberté* », disait le bouddhisme *shan* de la Chine des T'ang et le bouddhisme zen japonais. Toute création, je dirais même, toute existence digne de ce nom doit passer par ces trois étapes obligées et, pour moi, la liberté intérieure est bien la seule conquête qui vaille qu'on risque sa peau dans ce « monde trompeur ». Cette entreprise, toujours périlleuse, revêt des formes multiples, et des écrivains comme Kafka, Katherine Mansfield, Henry Miller (parmi tant d'autres) n'ont pas attendu le bouddhisme pour s'y lancer à corps perdu, ou ont fait du zen sans le savoir, comme Monsieur Jourdain, de la prose. L'ascèse sourcilleuse des monastères japonais comme la dure règle de la Chartreuse ou de la Trappe ne sont pas faites pour tout le monde. N'ayant pratiqué ni l'une ni l'autre, je me garderai d'en parler ici, mais je les ai côtoyées assez pour connaître des cas où le remède était pire que le mal, où j'ai vu des caractères, même de bonne trempe, détruits par l'aridité ou les exigences de ces disciplines. Religieux amers et défroqués, apprentis bouddhistes coincés « dans la forme » comme dans le canon d'un fusil, ne voulant pas jeter l'éponge, n'osant plus faire un pas, ni se retourner sur eux. Même si le bouddhisme zen est, à en croire R.H. Blyth qui sait vraiment de quoi il parle « *le plus grand trésor de l'Asie* », il y a d'autres accès à la connaissance et d'autres « moyens libératoires ». L'érotisme pour la philosophie tantrique, l'opium pour Thomas de Quincey, l'absinthe de Verlaine, la marche pour Rimbaud, la mer pour Conrad. A chacun de trouver son Sésame. Et aucune loi céleste n'oblige à choisir le plus ingrat.

Pour notre ami Dick, c'est la Corée. Quand il n'en peut vraiment plus du formalisme du monastère où il s'échine à méditer depuis quatre ans, quand les *koans* (devinettes ou énigmes proposées aux novices) le laissent à quia, quand les brimades de son *Roshi* (maître) qui sont le quotidien de l'apprenti zenniste lui font enfler les oreilles et quand le ton de nez des érudits japonais qu'il fréquente lui porte au foie, il va faire en Corée provision d'insolence, de primesaut et de fraîcheur. Bonne thérapie à laquelle il a eu plusieurs fois recours. Il a replié une carte routière couverte d'annotations, de points d'exclamation, de cercles faits avec des encres de couleurs diverses, me l'a tendue et m'a dit en riant : « Garde l'œil sur ton sac, planque ton fric, et regarde où tu poses les pieds. Ce n'est plus le Japon, *it's the old shittrack again.* » (Retour à la vieille piste de merde.) On verra bien.

Cette année-là, la presse japonaise commençait à parler à mots couverts du « miracle coréen », mais le revenu par tête en Corée n'était encore que le sixième de celui du Japon.

L'immense cicatrice qui zèbre le crâne à demi-chauve de Dick qui est comme celle d'un trépané, c'est une autre Corée, vécue sous l'uniforme. Je le suppose, je n'en sais rien ; il n'en parle jamais. Et quelle que soit l'amitié qui commence à s'installer – prudemment – entre nous, il n'en sera jamais question. Il y a des choses sur lesquelles mieux vaut ne pas revenir. D'un ouvrage sur les combats de Séoul en septembre 1950, je tire au hasard ce témoignage de Rutherford Poat, alors correspondant de l'agence *United Press*. Une fillette brûlée par un obus au phosphore s'approche d'un barrage routier tenu par les marines. *Elle était aveugle et on se demandait comment elle vivait encore. Elle avait à peu près la taille de ma fille. Trois autres enfants coréens qui avaient eu plus de chance qu'elle la regardèrent approcher du trottoir contre lequel elle buta. Elle dut s'y reprendre à trois fois pour l'escalader. Les enfants riaient.* (*Decision in Korea*, 1954.) Une saynète parmi des milliers d'autres et qui, pour moi, révèle une sorte de mal absolu. Qui a vécu cela, en acteur ou témoin impuissant, ne peut plus se contenter de vivre sans comprendre. On va alors chercher des réponses dans la drogue, l'alcool ou – ce qui vaut beaucoup mieux même si l'on fait fausse route – dans l'ascèse mentale et la méditation.

Sur le bateau entre Kobe et Fukuoka,
juin 1970

Les femmes qui ont « fait la vie » et conservé leur santé ont, comme ces toupies-sabots que les enfants fouettent, une vitesse acquise qu'elle doivent à tout prix employer. Devenues vieilles, elles se rendent utiles de cent façons. Celle-ci est menue, vive comme le mercure, chignon argenté tenu par deux peignes d'écaille en forme de colombes, pantalon noir à la chinoise et minuscules pantoufles de feutre sur des pieds de bébé. La société des commères qui l'accompagnent ne suffit ni à son énergie ni à son entregent. Elle s'embête et nous a à l'œil – nous sommes les seuls étrangers de cet entrepont – depuis un moment, à l'affût du plus mince prétexte pour nous entreprendre. Je l'ai photographiée pendant qu'elle massait quelques vieilles de son acabit qui ont des peines dans les reins, les troussant d'autorité comme volailles, fourrageant des deux mains sous leurs jupes dans les rires grivois. Nous l'avons retrouvée le lendemain à l'aube à la cantine, dans la file qui attendait la soupe aux fèves rouges matinale. Elle a souri en découvrant des dents parfaites et m'a ouvert sous le nez son porte-monnaie pour me montrer qu'il était presque vide. Excellente entrée en matière. Puis posé une main experte sur le ventre d'Éliane pour savoir si cela bougeait là-dedans. Pour éviter des exhortations superflues je lui ai déclaré que nous avions déjà *des* enfants. Tandis qu'elle nous demande nos âges, la voici déjà en train de pétrir avec des doigts durs comme l'ébène la nuque de ma femme, qu'elle juge un peu grippée. Le soleil se lève rouge comme une pomme sur un océan de visages camus et bons enfants, fendus par des bâillements déchirants. Elle a quatre-vingt-un ans (une confidence en vaut une autre) et me dit qu'elle était autrefois si jolie que les hommes étaient autour d'elle comme guêpes sur tartine.

Elle n'a jamais été malade et a toujours soigné les autres. Une seule fois, elle s'est cassé la jambe en envoyant un coup de pied dans les parties d'un galant qui lui déplaisait. Elle ne compte évidemment pas les avortements ni les blennorragies qui relèvent pour elle de l'accident de travail.

— Vous êtes du Kyu-shu, Mère-grand? (Souvent dans le Kyu-shu, je suis tombé sur de ces vieilles gourgandines enjouées.)

— *Daïtaï Tokyo des* (à peu près Tokyo).

Ce qui équivaut à « presque de Paris », comme le dirait un paysan des Yvelines pour éblouir un étranger, ou à « autour de Tokyo » au gré des bordels du Japon Mikadoïste où elle s'est si bien dégourdie et a pris ses grades. J'ai beaucoup de considération pour ces vieilles maquerelles mutines, soignées de leur personne, qui règlent le problème — tant évoqué ici — de la *communication*, en posant une main sur un ventre, une cuisse, en s'emparant au vol de bébés hurlants qui se calment aussitôt pour la confusion de mamans mystifiées, tout en chauffant dans sa main libre des œufs frais pour une collègue qui est borgne, alourdie de varices et qui les gobe à mesure, en les perçant de son épingle à chignon. Elle a dans son *obi* (ceinture du kimono) un autre porte-monnaie qui est, lui, plein à craquer. L'autre, le vide, qu'elle montre, c'est juste pour faire rire.

Les passagers des premières disposent d'un bain japonais et la Compagnie leur fournit un peignoir de coton à rayures bleues et blanches du meilleur effet. Mais c'est évidemment chez nous, dans cet entrepont d'ailleurs fort propre et bien aménagé que tout se passe, que les meilleures parties de go se jouent, que les meilleurs lazzis s'échangent, qu'on peut entendre les belles chansons de pêche de la côte Ouest, que la bonhomie rabelaisienne est à son mieux. Enhardis par quelques bières, les nantis du pont supérieur viennent se mêler à nos jeux avec l'air groggy et quémandeur de ceux qui ont payé le prix fort pour le mince privilège d'être seuls.

Fukuoka-Hakata,
juin 1970

L'hôtel « New-City » entre Fukuoka et le port s'est construit si vite pour accueillir les retombées de l'Exposition mondiale d'Osaka ou les étrangers en transit vers la Corée qu'il en a oublié de faire sa publicité. Il ne figure dans aucun guide, aucun panneau ne le signale, et c'est par pur hasard que nous sommes tombés dessus, alors que le dernier peintre en bâtiment nettoyait son dernier pinceau. Le réceptionniste sait cinq cents mots d'anglais; la caissière, cinquante; le plus humble des marmitons, une bonne douzaine. Les fleurs dans la chambre sont du matin même mais l'hôtel, ouvert voici une semaine, est absolument vide et la moitié du personnel a déjà – très mauvais signe – les ongles rongés jusqu'au sang. Chaque fois que nous franchissons la porte, trois garçons en redingote à brandebourgs, d'une distinction ténébreuse, un rien pédérastique, se précipitent pour s'emparer du plus humble de nos paquets.

Les Occidentaux venus cette année-là au Japon n'allaient pas en Corée. S'ils connaissaient le nom de Séoul, c'était à cause d'une guerre chaude qui avait failli déclencher un troisième conflit mondial. S'ils se pâmaient – à juste titre – devant les civilisations chinoises ou nippones, ils ignoraient tout, ou presque, de la magnifique culture coréenne. Quant aux Japonais, un sondage que je venais de lire établissait que, de tous les pays du monde, c'était celui qui les attirait le moins : une colonie qu'ils avaient perdue, où ils seraient mal accueillis, où tous les repas sentaient l'ail... Ainsi l'hôtel est vide. Sur la table, un message signé par un certain Yuji Sonobe, Manager, nous engage à nous détendre au bar « Champignon » et à goûter aux spécialités du restaurant « Blue Grata » au premier étage. Le restaurant étant vide, le cuisinier a éteint ses fourneaux et si vous avez le cœur assez dur pour vouloir manger tout de même, il ira, toute honte bue, vous chercher votre repas au « Corona Hotel », le concurrent d'en face.

Passant d'une culture à l'autre, les mots subissent d'étranges dérives. Nous nous sommes demandés ce que recouvrait ce « Grata » qui ne peut être que d'origine occidentale. Une corruption du français « gratin » (le haut du panier)? « Blue » amenant discrètement la notion de « sang bleu »; ou alors dans un style plus pot-au-feu : « rata » – mangez comme à la maison – « blue » évoquant la nostalgie qu'on éprouve à voir disparaître cette cuisine tout au beurre au profit du *fast-food*? En Occident, le vocabulaire oriental (Inde, Chine, Japon) prend aussitôt un fumet d'encens ou d'opium et se nimbe d'un halo d'ésotérisme. L'Orient sera initiatique ou ne sera pas et n'importe quel mot, même le plus concret, fera l'affaire. Inversement, les Japonais du début des années 70 prêtaient aux vocables étrangers un prestige accommodé à leur façon, une aura si diffractée par leur perception d'un monde qu'ils connaissaient surtout par les textes et commençaient à découvrir qu'on y perdait parfois son latin. Ainsi, les Français passant encore pour avoir inventé l'amour, tout ce qui était exprimé en français prenait dans leur esprit un parfum de fruit défendu. Je me souvenais d'un bar, à Kawaramachi (Kyoto), érotico-surréaliste, thèses sur Bataille ou Joyce Mansour, où les étudiantes croisaient très haut des cuisses gainées de bas résillés et ne vous regardaient pas sans passer lascivement sur leurs lèvres un petit bout de langue rose. Ce bar – j'espère qu'il n'a pas changé de nom et que vous le retrouverez – s'appelait « Ambiance famille »...

Cet hôtel vide! Je me demande avec quelles lectures ou quels jeux ces employés chamarrés trompent leur attente. Si j'étais Phileas Fogg ou Barnabooth, je poserais sur le comptoir un sac de cuir rempli de bank-notes et les enverrais tous en vacances. Cet hôtel blanc et vide, comme une mariée dont le promis est foudroyé sur les marches de l'église. Ces projets et emprunts conclus par des banquets optimistes et chaloupants... à présent : cette attente. Au bord de l'émail flambant neuf du lavabo, un bébé blatte vient de se hisser avec peine. Il n'a rien à faire ici, mauvais messager remonté du fond des égouts. Il est rouge comme un violon fraîchement verni ; ses antennes tremblent et disent : « Monsieur Sonobe : la faillite. » Avant les huissiers, il est venu reprendre possession des lieux.

Pusan, juin 1970

En dehors de cinquante-six mille *GI*, parqués dans leurs villas ou baraquements, presque pas d'étrangers ici. Les Coréens viennent donc regarder le voyageur sous le nez, avec une sorte d'urgence. Le regarder d'aussi près qu'un dentiste puis, leur curiosité satisfaite, s'éloignent avec parfois un bref salut du menton, ou alors en pouffant. Il faut s'y faire. Il n'en a pas toujours été ainsi. Au début de ce siècle, la société coréenne étouffait sous un confucianisme sourcilleux, un formalisme empesé et « comme il faut », une mysogynie bougonne et un chauvinisme xénophobe. Sclérosée et soustraite à l'histoire au point d'être devenue proie facile pour n'importe quel appétit. Dans cette chambre close, les patriotes réformistes sortis des universités du Japon « éclairé » de l'ère Meiji ont apporté de l'air. La mission chrétienne – catholique ou réformée – souvent persécutée et jamais du côté du manche a donné des rudiments d'hygiène aux campagnes, de l'éducation aux filles et de l'espoir aux croquants, payant sans barguigner le prix fort en années de prisons, sur le billot ou sous le gibet du bourreau. Avec les « Réductions » des jésuites du Paraguay au XVIIIᵉ, c'est un des exemples d'apostolat libérateur devant lequel même un incroyant se découvre. Liberté décente et morale à quoi il fallait ajouter l'insolence cynique et sauvage de qui est passé deux fois à travers un orage de fer et de feu, a tout perdu, a vu soixante-dix pour cent du pays réduit en cendres. Le miracle est que les rescapés de cette apocalypse se soient si bien affairés depuis dix-sept ans dans un océan de décombres, aient conservé un tel goût de vivre et d'en découdre, se soient remis à tout bricoler avec des moyens de fortune et au galop.

Pusan II

« *The old shittrack* »? et comment! A peine débarqué, il sautait aux yeux que tout était plus modique, recollé, rudimentaire qu'au Japon. Bâtiments neufs décrépis avant d'être achevés. Même *l'herbe* paraissait avoir été bâclée par un botaniste au chômage, hirsute et grise de poussière des cimenteries. Les mouches à merde volaient trop bas pour les hirondelles et se portaient bien, merci. Même si Pusan n'avait jamais reçu une bombe ou un obus communiste, l'anéantissement quasi total qui avait frappé le pays était encore présent partout. A la douane, un quidam en sandales de paille et bourgerons de forçat nous avait arrosés d'insecticide – fermez les yeux s'il vous plaît – comme des veaux, avec une lance et un vaporisateur à bretelles qui venait tout droit de la ferraille. Un autre avait passé nos sacs à dos au crible avec un détecteur de mine du temps de MacArthur, rouillé, et sur lequel on pouvait lire en clignant des yeux, comme dans un palimpseste, le mot *fuck* écrit autrefois par un *GI* écœuré et lavé par dix-sept moussons.

L'emportement caractérise le Coréen. A moins d'être très sage ou très vieux, il met à tout une brusquerie superflue. A peine sortis de l'avion, galopade éperdue vers les bureaux de la douane et de l'immigration : ce sont des campagnards chargés de présents achetés au Japon. Éperdue et inutile : les fonctionnaires ne se presseront pas pour si peu. Plusieurs bonbonnes de saké se sont brisées dans la bousculade et nous avons piétiné une heure durant dans une puissante odeur d'alcool de riz sous un soleil de plomb.

– Changer ? changer dollars ?

Quelqu'un m'empoigne par le coude et m'entraîne au trot vers une guérite au crépi encore frais où une pancarte « Banque » se balance. Le béton a travaillé en séchant, la porte coince, nous passons à quatre pattes sous le comptoir pour rejoindre le « banquier » auquel j'ai dû indiquer le cours du yen. Il m'a heureusement cru sur parole. Juste en face, un autre guichet « *Tourist information* ».

– Nous aimerions être ce soir au temple d'Hae-in, quand est le prochain train pour Taegu ?

– Il faudra vous enquérir à la gare, répondent deux jeunes filles qui portent la superbe robe blanche coréenne « à la Récamier » et s'éventent gracieusement.

– Et le bus express ?

– Nous ne savons rien de ces histoires d'horaires, juste quelques mots d'anglais, ajoutent-elles avec un rire très frais, plaçant la main devant leur bouche. Et bon voyage en Corée.

Deux ivrognes, intrigués par nos sacs à dos,

sont venus, en faisant voler la poussière, nous assurer de leur ṣympathie. Ils tenaient une cuite terrible et sans le bandeau – façon coolie – qui leur ceint le front, leur tête aurait éclaté. Leur visage était rouge brique, leurs pommettes, presque lumineuses, signal devant lequel les Coréens infléchissaient prudemment leur trajectoire. Ils se sont éloignés en se querellant bruyamment.

Monté dans un compartiment de velours violet de l'express Pusan-Séoul qui vient d'être mis en service. Valses viennoises dans le haut-parleur. Wagon presque vide. Quelques officiers aux tuniques impeccablement repassées, casquette posée sur les genoux, dormaient, la bouche entrouverte, pendant que nous remontions la large et magnifique vallée de la Nak-tong.

Vers Taegu

La lumière baisse et nous retire une à une les couleurs. Gris sans ride du fleuve, vert déjà éteint des berges, mauve de montagnes – hanches, aines, épaules – à formes de femmes à demi enterrées. Sur l'eau, des jonques minuscules, hors d'échelle, avec leurs voiles soigneusement rapiécées et leurs filets à balancier. Sur la berge, des gamins noirs de soleil qui font des ricochets dans la nuit tombante. Au ciel : cercles d'éperviers à queue blanche. Cet express s'arrête – tant mieux – dans de toute petites gares.

Du wagon, cent détails suggèrent qu'on a retrouvé la terre ferme, que sans les contraintes et conneries de la politique, un homme en bonne santé et en « état de marche » pourrait en un peu plus de deux ans regagner Genève, la Loire ou la Bretagne à pied, sans trop flâner en route, sans non plus se forcer. Ce qui évoque cette continuité continentale, dans un paysage aussi asiatique que ce que peut souhaiter un conférencier-missionnaire-à-épidiascope ce sont, par exemple, une touffe de dahlias sous un sorbier dans une petite cour en terre brune, une lessive suspendue au-dessus d'un fort matou qui dort tandis qu'une oie lui tourne autour dans l'idée de le pincer, une pie qui laisse tomber un os à moelle aussitôt investi par une infinité de fourmis, bref, de ces petites choses dont on peut se réjouir sans beaucoup s'éloigner de chez soi, des micro-espaces dont l'organisation ne fait plus penser à Hokusai, mais déjà à Benjamin Rabier. Il y a aussi – me direz-vous – des pies au Japon, mais ce sont des pies de *sumi-e* (encre et pinceau volant) soustraites à la réalité et à notre convoitise par l'admirable faculté d'abstraction japonaise. Plus question de les mettre au bouillon comme le ferait une honnête famille de vanniers savoyards. Ici, au bord de l'Eurasie, cette abstraction n'existe plus.

Alors que l'Eurasie existe. Hérodote, né près de

Bodrum en Asie Mineure, avait bien raison de vouloir réconcilier dans ses *Enquêtes* les Perses et les Grecs. Alexandre le Grand voyait juste en brusquant un peu ses capitaines macédoniens pour les marier aux filles de l'aristocratie achéménide. Plus tard son successeur Ménandre (IIe siècle av. J.-C.) a pris plaisir à ergoter, au bord de la Yamuna, rivière tributaire de l'Indus, avec les bouddhistes de l'empire d'Ashoka sur la nature du principe vital, le poids atomique de l'âme ou la notion de l' « Illusion ». Peut-être fallait-il que les rhéteurs grecs aillent aussi loin pour trouver, en matière d'arguties, des adversaires à leur mesure. Bien plus tard, portés par leurs petits chevaux, les Mongols d'Ogodaï Khan ne sont nullement déconcertés de se trouver aux portes de Trieste, ils continuent simplement à profaner, détruire et brûler – quand ils le peuvent – les attributs de la vie sédentaire, arbres, livres, maisons, comme ils l'ont fait tout au long de leur immense voyage. Et rien ne permet d'affirmer que les émissaires du Pape et de saint Louis à la Cour des Khans mongols aient vu leurs yeux s'arrondir au spectacle de Karakorum, capitale immense et provisoire de tentes de feutres, où on leur réserve un accueil aimable, où on leur témoigne de la curiosité. Bien au contraire. Ils s'empressent de rattacher à la postérité d'une des douze tribus (celle de Cham) ces nomades que neuf siècles plus tôt l'historien romain Amien Marcellin voyait sortis tout droit des chaudrons du Diable, et ne tarissent pas d'éloges sur leur code moral, le *yassaq* qui punit sévèrement l'adultère, le vol, le manquement à la parole donnée. Leur compréhension est fille de la lenteur d'une route faite à dos de mules, de yaks ou de chameaux. Cette continuité s'exprime dans le *Devisement du monde* rédigé peu après par Marco Polo, où je ne sens aucune césure : l'admiration qu'il éprouve ne signifie pas qu'il ait perdu pied ou qu'il divague. Si, ici et là, les naseaux d'un dragon fument, si une licorne passe entre deux bosquets, c'est qu'ils étaient déjà et depuis longtemps dans l'imaginaire eurasien. Les lecteurs vénitiens n'attachent d'ailleurs aucune importance à ces fadaises allégoriques et lisent son livre en bons épiciers, comme on lirait aujourd'hui le *Wall Street Journal* : prix du lapis, jours de convoyage, mouillages bien abrités : du solide, la « mercadence et la traffique » comme écrira plus tard Montaigne des conquêtes du Nouveau Monde.

Le Bosphore se franchit aisément à la nage. Les cols du Khyber ou du Kunderab (qui donne accès au Turkestan chinois) se passent hiver comme été. Cette continuité existe. Je l'ai ressentie – furtif creuseur sur une fouille en Bactriane – en retournant avec une main terreuse des monnaies du Ier siècle av. J.-C. qui portaient des inscriptions – avers et revers – grecques, indiques et chinoises.

Et retrouvée, quarante ans plus tard, à Tourfan (Sin-kiang) en écoutant l'admirable musique des Turcs oïgours, ses voix rêches, bourrées de sang, ses accents presque tziganes. Après des années de séjour japonais, je suis inexplicablement rassuré de la percevoir ici.

Taegu, le même soir

La gare, masse de béton inachevée, est très loin du centre. Un fort vent de nuit fait voler la poussière sur les silhouettes de voyageurs fléchis sur leurs valises. Interminable agglomération – je n'ose pas dire ville – blessée, noirâtre, excrémentielle, dont les nouvelles constructions ont déjà l'air de ruines. A mettre, avec Oshiamambe (Nord-Japon) et Radauci (dans la Moldavie de Ceausescu) au palmarès des lieux à quitter aussitôt sous peine de conséquences incalculables. Mais voilà, il n'y a plus rien qui aille vers le Sud-Ouest et il faudra bien y passer la nuit. Le bus qui nous amène vers le centre bondit dans les rues défoncées. Chaque fois que le chauffeur klaxonne, une mandarine en plastique suspendue au rétroviseur s'allume et scintille pathétiquement. Miracle économique !

Toutes les peines du monde à trouver un *yogwan* qui est une auberge traditionnelle à prix raisonnable. Celle-ci était à peine terminée : l'odeur de merde le disputait à celle du ciment fraîchement gâché. De l'autre côté de la rue boueuse, trouée de flaques qui drainaient la fin du jour, des flics, une ambulance, des civières devant une boulangerie (?) dont le rideau de fer était à demi fermé. La patronne qui parlait bien japonais nous a gracieusement accueillis. Sur la présence de la police elle nous a dit ceci : ce matin même un inspecteur en civil, qui avait mis le nez sur un trafic douteux, voulait utiliser le téléphone de la boutique. Comme il n'obtient pas la ligne, il brise le combiné contre le mur. Le boulanger et son frangin furieux lui brisent le crâne. L'appel ayant été repéré, d'autres flics surgissent et trouvant leur collègue si mal arrangé, matraquent à mort les meurtriers. On venait d'enlever les trois corps. Pas de temps perdu : justement cet emportement dont je parlais.

Chambre absolument nue. Deux minces paillasses posées côte à côte sur un linoléum chocolat, deux oreillers de noyaux de cerises. Auberge de petites putes : au chevet des paillasses, le mur est constellé de chewing-gums collés n'importe où par les filles, lorsqu'un client a eu besoin de leur bouche. Ne pas traîner ici plus qu'il n'est nécessaire.

Gare routière de Taegu

Un décollage économique sur fond de pénuries, tessons et gravats, passe forcément par un

« mieux provisoire » qui, en milieu citadin, ne peut-être que consternant. Logis reconstruits à la diable avec l'hétéroclite qu'on a pu sauver des ruines, réemploi de bric et de broc et bricolages improvisés. Bâclé urbain qui disparaît dès qu'on atteint la campagne, encore pauvre, mais où la simplicité des matériaux traditionnels – tuiles, chaume, claies de jonc, pisé, brique crue – empêche ce sordide intermédiaire.

Voici quatre ans, le poète Lorenzo Pestelli avait forgé pour la Corée du Sud le mot « Armisère » (armée plus misère), jugeant que seule l'armée et la flicaille, garantes et prébendières d'un régime autoritaire et policier, mangeaient à leur faim.

La vie a changé depuis. Malgré la corruption officielle qui prélève son tribut ordinaire, les centaines de millions de dollars injectés par le Japon (réparations de guerre ou prêts à bas taux) dans l'économie coréenne finissent par toucher terre et garantir un mince viatique même aux plus pauvres. La brusquerie, la vivacité des gestes, l'impatience des regards, partout présentes, disent aussi « le pire est derrière nous, on remonte ». D'autre part, les crimes et exactions des Nord-Coréens lorsqu'ils occupaient le pays jusqu'au périmètre de Pusan ont laissé une crainte, une haine si vivace, et le régime de Pyong-Yang est à ce point détesté par la gauche clandestine que même les étudiants opposés au pouvoir en place font leurs deux ans de service sans trop rechigner.

Bus de Taegu à Dokamri, le même jour

Ici, les receveuses de bus sont des gamines de quinze ou seize ans, costaudes, trapues, les cheveux partagés en deux fortes nattes collées par la poussière des chemins et qui n'ont l'air de craindre ni Dieu ni Diable. Avoir dû grandir dans un monde où tout manquait et apprendre à y survivre les ont rendues plus dures que briques. Elles tiennent leurs voyageurs à l'œil et sont promptes à en découdre avec les « mauvais éléments », pochards, arsouilles tatouées ou pickpockets. Personne ne se soucie de les aider dans leurs démêlés avec ces voyous auxquels elles passent des bordées suraiguës, qu'elles tapent et essaient d'expulser en les tirant par le col de leur veste. Quand ces manœuvres ne suffisent pas, elles viennent s'accroupir à côté du chauffeur et éclatent en sanglots hystériques. Le chauffeur, qui a déjà fort à faire avec les cassis de la route et le jeu dans le volant qui lui rompent les épaules, arrête alors son bus et vient donner un coup de main pour éjecter le fâcheux. Cette fois, ils ont dû, à deux, employer la manière forte avec un ivrogne vindicatif qui, de plus, n'avait pas payé. Le voilà au bord du chemin, tout étourdi par les baffes. La fille est encore descendue pour l'engueuler et lui botter les côtes. Quand je lui avais demandé de nous signaler l'arrêt de

Dokamri, elle m'avait regardé avec l'œil fixe et rond de qui n'y entend goutte. A l'arrivée, elle nous a arrachés à nos sièges et jeté nos sacs à la volée sur une petite place où le vent faisait danser des trombes de poussière. A un bout, un flic dormait sur une chaise installée devant sa guérite ; à l'autre, une femme accroupie dans sa robe blanche immaculée lui tenait un discours courroucé et pelait des œufs durs en pleurant. Du haut d'un sorbier, un haut-parleur resté branché, le Diable sait pourquoi, diffusait sur ce bout du monde la musique de *Un homme et une femme*. Dans les rizières en contrebas de la place, des femmes en tablier de couleur avaient commencé le repiquage. Elles avançaient lentement sur une ligne, de l'eau jusqu'au genou, au son d'un petit tambour qu'un gamin assis au bord de la diguette frappait sur un rythme à trois temps. Nous avons pris à pied la route du temple. Chaleur humide, début d'après-midi. Nuées de faucons criards sous un ciel blanc.

Hae-in-sa

Quand la « bonne loi » bouddhique atteignit la côte Ouest de la Corée à la fin du IVe siècle après Jésus-Christ, elle fut confrontée à une culture traditionnellement chamanique (et qui l'est encore aujourd'hui) où le taoïsme et le confucianisme l'avaient précédée. Le bouddhisme s'accommoda fort bien des pratiques taoïstes ou « magiques » comme il l'avait fait en Chine. Lorsque ça chauffait, bonzes et *Mu-dang* (chamanes) étaient priés par le pouvoir de monter ensemble aux barricades avec leurs incantations et leurs *mantra*. A l'égard du confucianisme, la relation fut, dès la dynastie Koryo (907-1390) et comme elle l'avait été en Chine, un bras de fer continuel. A l'époque – fin du VIIIᵉ , début du IXᵉ siècle – où le temple fut construit, la Corée, unifiée par la dynastie des Silla (52 av. J.-C. – 907 ap. J.-C.) s'était libérée de la tutelle chinoise des T'ang auxquels elle payait un tribut symbolique d'or fin ciselé, de chevaux et de peaux de tigres et avec lesquels elle entretenait les meilleurs rapports. Les Coréens étaient alors des orfèvres incomparables et les meilleurs fondeurs de cloches de tout l'Extrême-Orient. Les grands monastères, édifiés dans les lieux soigneusement et admirablement choisis par la géomancie, administraient d'immenses domaines de rizières, de potagers, de mûriers à soie, de forêts et jouaient le rôle spirituel et culturel des abbayes de notre Haut Moyen Age. Quantité de bonzes ou d'érudits coréens allaient étudier en Chine et certains firent même, sur les traces de Fahsien ou de Yuan-Tsan'g, le lointain voyage de l'Inde. Beaucoup de ces couvents, où voisinaient moines et nonnes, étaient construits sur ou à flanc de montagnes qui, dans la croyance taoïste, favorisent l'échange entre les énergies telluriques et célestes du Yin et du Yang. Après notre an mille, la puissance de ces bonzeries ne cessa de s'étendre parce qu'on attendait d'elles toutes sortes de prodiges lorsqu'une menace surgissait. Le plus souvent, il s'agissait de conjurer la sécheresse, de faire tomber la pluie avec l'aide des devins chamanistes, et ils semblent y être assez souvent parvenus pour se voir confirmés dans leurs immenses privilèges : donations foncières, exemptions de taxes ou de corvées. Prospérité et impunité qui vont conduire au déclin. D'une part, le clergé se spécialise en sortilèges et « abracadabras », de l'autre, il se sécularise et s'épaissit. Les bonzes s'engraissent ou se débauchent aux dépens de leurs serfs ; le splendide art sacré de l'époque Silla devient trivial, mastoc, gavé. Par un juste retour des choses, ce qui avait indûment fait le succès mondain du bouddhisme va causer sa perte. L'an 1231, les Mongols franchissent le fleuve Yalou et mettent le Nord du Royaume à sac. La Cour, réfugiée sur l'îlot fortifié de Kwang-Ha dans l'estuaire du fleuve Han, achète leur retrait par un lourd tribut d'or et surtout de ces pelleteries dont ces « barbares » sont toqués. (Avant d'unifier les clans rivaux et d'être nommé « Grand Khan », Gengis, mort trois ans plus tôt, chassait à skis loutres et visons dans les forêts de l'Orkon pour nourrir sa famille qu'un complot y avait envoyée en exil.) Conscients d'être seuls face à la plus grande puissance militaire du temps, les Coréens mettent à profit ce bref répit pour graver sur des planches de bois dur la totalité du « Canon bouddhique » indien et s'attirer ainsi la protection du Ciel. Le syllabaire coréen ne sera inventé que deux siècles plus tard, la transcription est donc faite en caractères chinois. L'entreprise débute en 1236 et s'achève quinze ans plus tard. Plus de quatre-vingt-un mille planches ont été gravées et sont prêtes à l'impression. Cet acte de dévotion qui était aussi opération magique se révélera sans efficace. Deux ans après l'achèvement du « Grand Œuvre », Mongka Khan revient avec ses escadrons et s'empare de tout le royaume qui restera pendant plus d'un siècle sous la domination sino-mongole de la dynastie Yuan.

Devant cet échec qui discrédite les vertus occultes du bouddhisme, les confucianistes jubilent et pavoisent. L'un d'eux, à la fin du XIVe siècle, écrit au roi : « ... Un État qui est en voie de prospérer prête l'oreille au peuple ; ... un État qui va à la ruine, prête l'oreille aux divinités ; servir le Bouddha et les divinités ne procure aucun avantage. » Retour à l'index levé du moraliste et au pragmatisme pot-au-feu.

C'est un véritable miracle que ce gigantesque travail qui constitue ce que les bouddhologues appellent aujourd'hui le « Canon coréen » ait échappé aux vers, à l'incendie, aux Mongols, aux tentatives d'invasion du condottiere japonais

Hideyoshi (en 1590 et 1598), et surtout à l'orage de fer et de feu, aux flux et reflux pitoyables et sanguinaires de la guerre de Corée. Ce colossal *Compendium* de blocs gravés fut mis à l'abri, probablement au xve siècle, dans le monastère vers lequel nous montons, tandis que de larges gouttes de pluie chaude commencent à moucheter le chemin poussiéreux. Ces planches y sont toujours aujourd'hui et font du Hae-in-sa la plus grande « bibliothèque de bois » du monde.

Hae-in-sa II

Le lit du torrent qui descend des Monts Kaya et baigne les terrasses Ouest du monastère est un livre de pierre. Depuis onze siècles, les pèlerins ont gravé sur les rocs de la berge ou sur les dalles qui affleurent en saison sèche des milliers d'inscriptions votives en caractères chinois et, dès le xve siècle, dans le superbe syllabaire coréen. Beaucoup sont si profondes et d'un tracé si maîtrisé qu'on imagine une semaine de travail au moins. Les pèlerins sont rarement pressés et sculpter sur un gros caillou est une affaire si distrayante qu'on se prend au jeu sans voir les jours passer. Des siècles de crues ou de moussons ont lavé et poli ces prières ou actions de grâce, leur donnant une patine et un velouté si « naturel » qu'ils font oublier la main de l'homme, comme si ces invocations étaient nées de la pierre elle-même qui aurait parlé en notre faveur.

Sur les quinze kilomètres où le sentier longe le torrent vous ne trouverez pas une surface de la largeur des deux paumes qui n'ait pas été utilisée. En remontant cet immense bréviaire de roc entre les buissons d'épines je maudissais mon ignorance : je ne sais lire ni les idéogrammes chinois ni l'alphabet coréen. Il faudrait plusieurs vies faustiennes et laborieuses pour le seul déchiffrement des écritures, et j'ai déjà passé la moitié de la mienne dans une sorte d'effarement distrait, le cœur à tout, la tête à rien. Je bénissais les fortes bottes lapones que – malgré les lazzis de mes amis zélateurs de l'espadrille et des orteils en éventail – je porte depuis trente ans sous n'importe quel climat. Parce que cette « voie sacrée », considérée aussi comme un des « paysages classiques » où l'on venait admirer la pleine lune lors de parties de campagne très arrosées, n'inspire plus le respect qu'elle mérite : le lit du torrent étincelait de bouteilles brisées; le sentier était ponctué d'étrons secs au-dessus desquels de minces colonnes de mouches bleues bombinaient sans trop d'espoir. *The old shittrack again*!

Un peu plus tard
« *Yang-ban* »

Déjà en vue du monastère, nous avons rattrapé un vieillard qui montait d'un pas mal assuré, les pieds en canard, et frappait furieusement de son bâton les pierres du chemin comme s'il avait voulu les corriger. Pantoufles de cuir bouilli, pantalons blancs bouffants, tunique blanche serrée à la ceinture et ce comique chapeau de crin noir à bords plats (entre le gibus et le canotier) qui est, aux champs comme à la ville, le monopole et l'orgueil des petits hobereaux ou dignitaires de l'ancienne administration royale qu'on appelle *Yang-ban.*

Je serais *Yang-ban* dans la Corée d'aujourd'hui que je me garderais de m'en vanter, je me ferais plutôt passer pour quelqu'un d'autre. Au cours de l'histoire coréenne, cette classe de hauts fonctionnaires et propriétaires fonciers n'a brillé ni par la compétence ni par la vertu. Les bons dynastes ont souvent dû rabattre leur caquet et rogner leurs privilèges. Ils se souciaient énormément de paraître, et fort peu du bien-être des administrés qu'ils grugeaient. Une encyclopédie du xve siècle les donne comme pourris par les pots-de-vin et oppresseurs des paysans... « *Pères et mères souffrent du froid et de la faim... les cris de rancune montent jusqu'au ciel.* » A la campagne, ces

survivants d'un confucianisme scrongneugneu et
d'un ordre révolu se distinguent encore par leur
morgue et leur prétention. Les fermiers qui tra-
vaillent leurs terres les tiennent en secret pour
des imbéciles mais filent encore doux. L'occupation japonaise leur a, pendant trente-cinq ans, fait
la part belle pour opposer leur conservatisme et
leur chauvinisme ultra à l'action libérale des
chrétiens.

Les *Yang-ban* sont querelleurs comme des dindons, haussent le ton ou jouent de la canne pour
s'assurer les meilleures places dans le bus ou au
café, le plus souvent congestionnés d'arrogance et
d'alcool. J'ai même dans l'idée que ce sont eux
qui, après leurs libations, posent culotte
n'importe où et souillent ce magnifique paysage.
Vous ne pourriez peigner l'Asie sans rencontrer
engeance plus insupportable.

Celui qui titubait devant nous, tache blanche
sous le ciel blanc, était digne de ses congénères. Il
puait le *choshu*, un alcool de patates qui vous
cisaille le crâne. Il nous a salués en grommelant,
s'est penché pour guigner dans la blouse
d'Éliane, a dû se raccrocher à mon bras pour ne
pas s'étaler. Quelques pas plus loin – il marchait à
mon côté – il a enfoncé sans crier gare son index
dans mon oreille gauche puis s'est arrêté pour en
considérer l'extrémité d'un air perplexe. En
Corée comme au Japon, la cire des oreilles n'est
pas solide comme en Occident, c'est une fine

poussière que l'on nettoie avec un minuscule plumeau. Sans être trop à cheval (en voyage il ne faut pas), et même si cette curiosité ethnologique était légitime, j'ai trouvé son geste un brin familier. Un vétérinaire y aurait mis plus de formes. Il semblait parti pour nous suivre jusqu'à l'auberge et y boire à nos dépens. Je me suis débarrassé de cet original en la photographiant sous le nez. Les Coréens, les vieux surtout, détestent qu'un étranger leur tire le portrait, craignant que leur image ne serve ensuite de support à des manigances occultes. Au troisième cliché, il a couvert à deux mains son visage et a décampé au trot vers la rivière, secoué par un petit rire et pétant comme un roussin.

Hae-in-sa III

Place de terre battue sous le portique du monastère. A l'épicerie, entre les jarres de saumure, les tresses d'ail ou de piments, les plantes médicinales en bottes, le patron écrase les mouches avec une tapette en attendant le client. Dans le troquet voisin, une demi-douzaine de *Kisaeng* (chanteuses et prostituées) attendent elles aussi. La route carrossable qui monte de la plaine vient d'être réouverte et l'on ne sait jamais quand un car de fêtards va débarquer. L'une d'elles danse toute seule, transistor à la main, mégot collé aux lèvres, des larmes plein les yeux. Les autres tuent le temps en parties de mah-jong et rauques agaceries. L'illusion avant l'éveil : dans l'Asie jaune, les bordels et les temples ont toujours fait bon ménage. Les vieilles sont coiffées en chignon et fardées à l'ancienne : fond de teint qui souligne les pommettes, sourcils épilés et refaits en demi-lune ; les jeunes, le visage dans le style du cinéma muet : bouches en cerise et sourcils recourbés au petit fer. Mais toutes, l'air plus dures que squaws, plus coriaces que corneilles.

Quand notre ami de la rivière arrivera chez elles, sa cuite cuvée, il ne leur faudra pas longtemps pour lui apprendre à vivre et le remettre au pas.

Hae-in-sa IV

Vivre sous un toit
de tuiles grand comme
une baleine.

(Définition coréenne de
l'aisance et du bonheur)

Sur les fûts de cryptomère qui soutiennent le premier portique du monastère, on voit des « gardiens de la direction Sud » cornus, cuirassés, armés de glaives ou de tridents et peints dans des tons très rasta.

Leur gesticulation immobile et leur allure

effrayante font rire les enfants et tiennent efficacement en respect non seulement les djins et
démons mais aussi la convoitise, la vulgarité, la
violence et la précipitation.

La fatigue de la marche rend poreux, ouvert
au langage d'un lieu : impossible de franchir ce
parvis sans se sentir allégé, lavé de quelque chose.
Droit au-dessus de nous, les cours en terrasses du
monastère aux larges assises de pierre, les toits de
tuiles grises des bâtiments qui les bordent escala-
daient en silence les pentes des Monts Kaya.
Immenses frondaisons. Pas un souffle. Personne.

Là où un bouddhisme de bon aloi a prévalu
pendant assez longtemps, il installe une paix
d'une qualité particulière : à la fois aérienne et
presque pondérable. Ici, il prévaut encore et ses
vertus curatives opèrent aussitôt sur l'esprit du
voyageur. Quelques marches franchies, et tout
était d'un seul coup devenu tranquille, auguste,
auspicieux. L'impression aussi de nous être trom-
pés de siècle, non pas à cause de ces mille ans
d'histoire et de ces arbres séculaires mais parce
que, à l'intérieur du parvis, tout le quotidien, tout
l'aujourd'hui semblait, comme dans les contes, se
réveiller en s'étirant d'un sommeil de cent ans.

Effectivement, sur le muret qui borde le premier palier, un vieillard dormait, bras croisés sur
le ventre, un foulard écarlate tiré sur les yeux. Il y
avait une hésitation de pluie, et les gouttes qui
s'étoilaient sur ses mains tavelées ne lui faisaient

pas même battre un cil. A côté de lui, une caméra à chambre de poirier astiquée comme un stradivarius et posée sur son trépied se reposait, elle aussi. Une merveille du siècle dernier, portant la marque d'un ébéniste du quai Malaquais (Paris) et un objectif 150 mm. Angénieux, tout laiton, digne du musée Niepce. Elle était couverte d'un plastique et placée dans l'axe Sud-Nord de façon à montrer tout le monastère et la crête des montagnes en toile de fond pour voyages de noces, courses d'écoles, banquets électoraux, ou ces familles de truands qui viennent ici faire célébrer des offices pour le repos des âmes d'un clan rival qu'ils viennent d'occire. Comme au Japon, les maffieux ont ici pour les bonzes beaucoup d'amitié et de respect. Ils leur envient leur sérénité, l'entrain qu'ils mettent à toutes ces tâches plaisantes – fendre du bois, faire reluire les chaudrons à riz, mettre légumes ou champignons en saumure, sarcler des pieds de rosiers (les moines coréens sont fous de rosiers) – dont ils s'acquittent sans hâte mais sans nonchalance dans le temps qui n'est pas dévolu à leur belle liturgie, à l'étude ou la méditation. Il arrive que ces caïds lèguent au clergé bouddhique des sommes considérables, dons souvent acceptés avec la même simplicité qu'ils sont faits. Le bouddhisme n'a jamais été impatient de partager nos torts ou nos mérites dans ce « monde trompeur » et considère que vivre dans la pègre, la violence ou la prostitution n'est finalement qu'une souffrance de plus. Ajoutons que la conversation de ces malfrats est souvent instructive, ils sont au fait de quantité de combines, et, si « éveillé » qu'il soit, un bon abbé n'en saura jamais trop. Enfin, comme l'écrivait un saint du Moyen Age japonais (Hônen ? Shinran ? je ne me souviens plus) : « *Si le bon doit parvenir à l'illumination, à plus forte raison, le méchant.* »

... Le vieillard s'était réveillé, assis, les poings sur les yeux. Nous avions un instant parlé diaphragmes et émulsions. De la journée, il n'avait vu passer personne. Sur la terrasse qui nous dominait, les moinillons en robes grises jouaient au football avec des bûcherons redescendus des Monts Kaya, qui avaient posé contre le mur leurs énormes charges de bois fixées sur des cacolets. Tous jouaient pieds nus. Leur ballon était une grosse boule de chiffons. Leur partie faisaient moins de bruit que des cigales.

Hae-in-sa V

Sous la dynastie des Yi (932-1910), cette auberge à l'Est du temple devait être un pavillon pour les visiteurs royaux. Toit cornu de tuiles vernissées et porte ovale du plus pur style Ming au-dessus de laquelle un miroir Second Empire (vestige d'un salon de coiffure à la française détruit par les bombes ?) avait été suspendu dans une inclinaison suffisante pour qu'en levant à peine la tête, le voyageur se voie entrer dans cette image de paravent, et s'en félicite. Cour intérieure pavée autour d'un puits où nous nous sommes débarbouillés à l'eau glacée, et d'une machine à coudre à pédale à motifs de pampres noir et or que les feux du couchant faisaient étinceler. Balcons de bois bleu tarabiscotés. La chambre, minuscule, donnait sur un étang : joncs, lotus, libellules rouges, et une escadre de canards dont le karma ne m'inspirait aucun souci. Agréablement recrus par la journée, nous les regardions remuer le derrière, pendant que les vibrations de gongs venus du monastère parvenaient, sans se presser, jusqu'à nous. Tout conspirait à cet instant, juste, exquis, accordé comme une cithare.

Hae-in-sa VI

A trois heures de marche au-dessus du monastère, au sommet d'un piton broussailleux, on a érigé au IXe siècle un Bouddha de pierre de sept mètres de haut. La futaie qui avait poussé depuis autour le dissimulait presque entièrement. Aucun itinéaire ne l'indiquait. Nous nous sommes énormément égarés dans des sous-bois pentus, traversant aussi des clairières où ces mêmes bûcherons de la veille dormaient en étoile autour de leurs gigantesques fagots. Deux nonnes du monastère qui cueillaient des agarics verts dans la forêt nous ont indiqué le chemin. Nous l'avons trouvé. Il est taillé dans une pierre rouge si dure que onze siècles d'intempéries et le vent continuel qui souffle ici ont à peine érodé ses traits. La sculpture bouddhique coréenne de cette époque est une des plus expressives d'Asie. Visage brillant d'espièglerie et rayonnant de compassion. L'air en tout cas d'avoir tout – et depuis toujours – compris de nos affres et frustrations, et disposé à donner un coup de main. On percevait, dans ce silence végétal, une trace évidente de sainteté. Nous l'entendions presque dire : « Cessez de vous en faire. » Nous l'avons regardé longtemps. Redescendant, je me suis retourné plusieurs fois : il nous suivait des yeux comme je m'en étais douté. Il faut reconnaître qu'il n'avait pas beaucoup de visites « d'au-delà des mers ».

Depuis deux mois j'avais cessé de m'en faire. Jamais, au Japon, je n'avais travaillé dans des compagnies si agréables ni si bien. La femme qui me plaît avait pu me rejoindre. Nous étions ici pour un bout de temps encore, au jour le jour, sans programme ni projets. Lorsqu'elle regagnerait l'Europe, j'aurais encore assez de loisirs et d'argent devant moi pour fureter en Asie et remplir quelques blancs de ma carte. C'est ce que je me disais, de retour à l'auberge, accoudé à la fenêtre, regardant l'étang obscur. Je me disais aussi qu'un poète coréen du style *Si-jo* (brefs éloges de la nature en trois lignes un peu comme le *haïku* japonais) aurait sans doute ajouté à cette mare une grenouille, pour avoir vraiment tous les lecteurs de son côté. Et c'est alors justement qu'une grenouille s'est mise à coasser. C'était un monde complet.

Dans le bus entre Dokamri et Kwangju (9 h à 22 h)

Ciel bas, chaleur lourde, collines avec leur toison de taillis vert pâle. Entre elles, les rizières en eau où partout l'on repique : longues lignes de silhouettes courbées dans leurs jupes de couleur, épouvantails déjà plantés dans leur gesticulation navrée. C'est très beau et d'une indicible tristesse, ou est-ce la fatigue de la veille qui me joue un tour ? La route est abominable : à l'arrière du bus on est lancé et tassé dans tous les sens. Franchi trois cols, pas bien hauts, pas bien vertigineux, oh non ! pour qui connaît les Alpes, mais dangereux parce que la route est souvent en dévers, argileuse, glissante de pluie. Nous avons dépassé le bus de la veille, tombé dans la rizière, couché sur le côté, à moitié immergé, vide. Tombé de pas bien haut, un bon mètre cinquante, mais juste assez pour imaginer (bondé comme il devait être) quelques mâchoires luxées, épaules démises, les passagers sonnés, merdeux – on répand le

135

contenu des cabinets dans les rizières – furibonds, et les paniers d'œufs cassés sur les robes blanches des paysannes, ces robes immaculées dont la blancheur – comment font-elles? – est un si grand souci.

Kochang, vers midi

Tiré de ma torpeur par des criailleries. Un homme entouré d'une nuée de mouches est monté dans le bus malgré le chauffeur qui voulait l'en empêcher. Il portait sous le bras un paquet ficelé, entouré de journaux, d'une puanteur si épouvantable qu'un instant j'ai cru que, derrière sa fine couche de nuages, le soleil avait noirci. Sans cette pluie continuelle et si nous n'étions pas si loin de tout, nous serions descendus pour poursuivre la route à pied.

Au-dessus du conducteur, une aquarelle maladroite se balançait pour notre édification et montrait quel sort réserver aux espions nord-coréens démasqués : on voyait trois paysans hilares porter à bout de fourche un cadavre embroché et sanguinolent. L'inscription au bas de l'image, en *hang'ul* (syllabaire coréen) et du même rouge sang, indiquait probablement le montant de la récompense.

Ces infiltrations d'agents ou de saboteurs sont incessantes; il n'est pas de jour où l'on n'en attrape et la haine et la peur sont si fortes qu'ils arrivent rarement vivants au poste de police. Ce qui vaut mieux pour eux.

Nam-won, fin d'après-midi

C'était une femme trapue, sans âge. Lorsque je l'ai vu arriver du bout de la place, je n'en ai pas cru mes yeux : elle portait sur le dos une machine à coudre à pédalier gigantesque, retenue par un bandeau frontal. La force physique des Coréens, comme celle des Turcs, est proverbiale : tout de même, avec le socle, au moins quatre-vingts kilos... et vouloir monter dans le bus avec un objet aussi volumineux ! C'était une de ces augustes mécaniques de style, disons, ptolémaïque, qui vous font vivre toute une famille et valent leur pesant d'or. Ce n'était pas demain la veille qu'on aurait pu séparer ces deux-là. Coudoyant, suppliant, menaçant, poussant de la tête et des hanches, sanglotant, elle a tout de même amené son colis jusqu'à la banquette du fond où nous nous sommes serrés pour lui faire place. Elle s'est assise en soupirant *Aï! chuketta!* (Ouf ! je crève) puis, son coup réussi, s'est mise à sourire...

... Même sans être aussi chargés, les Coréens fondent en larmes à propos de bottes. L'instant d'après, ils ont tout oublié ; la terre a retrouvé son axe. Ils papotent alors avec les voisins, écrasent un pou trouvé dans une couture ou s'occupent à extraire un point noir de leur nez. Ils ont beau pouvoir vous annoncer en souriant la mort de leur père et être plus durs que silex, n'importe quelle bluette, évocation élégiaque d'amours contrariées ou de lune décroissante vous les met sur les genoux. Vingt siècles de confucianisme rigoureux les ont sans doute raidis et empesés mais sans rien changer à leur nature profonde. Peuple rapide, lyrique, jongleur, émotif et qu'un rien fait craquer. Puis qui se reprend tout de suite : les larmes sont à peine séchées qu'ils repartent à fond de train. Qui vient du Japon doit se faire à cette mobilité dont les Coréens n'ont d'ailleurs nulle vergogne. *Nun-mul de opnum saram* (un homme qui ne sait pas pleurer) est indigne de confiance, c'est juste un mauvais cœur, autant dire : un vaurien. Et ce n'est certes pas qu'ils manquent de nerf : aucun peuple d'Asie n'a traversé guerre aussi atroce en conservant autant de mordant et d'entrain. C'est que pleurer les décharge électriquement comme les poissons gymnotes ou certaines anguilles. Il faut voir l'air dispos et comblé qu'ils ont après.

Kwang-ju, 23 heures,
gare routière

Éliane n'était pas plus tôt descendue du bus qu'elle était entourée d'une demi-douzaine de gamins de quinze ans qui la tiraient à hue et à dia (probablement vers « leur » auberge) tandis qu'un autre lascar essayait de déboucler son sac. Je les ai dispersés à coups de tête, de coudes, de genoux, avec le fatalisme d'un homme vraiment éreinté. Ils nous ont suivis en nous lançant force insultes et bouteilles jusqu'à l'hôtel. J'étais heureux d'en trouver un, à cette heure.

Ile de Chedju,
juin 1970

Voici très longtemps, Chedju est sortie de la mer dans un nuage de vapeur, de soufre, de magma, bombardant le ciel de roches incandescentes avec un barrissement incongru.

L'éruption a été assez forte pour créer un cône volcanique de deux mille et quelques mètres d'altitude et mille deux cents kilomètres carrés de terre émergée.

Alizés, moussons, graines, pollen, abeilles, oiseaux : l'île s'est couverte de forêts, de pâtures, d'azalées, de fougères et l'Océan a fait très bon accueil à cette nouvelle venue de velours vert.

Quelques siècles avant l'ère chrétienne, des hommes arrivés de la péninsule qui n'est qu'à deux ou trois jours de bon vent s'y sont établis pour y vivre d'une des mers les plus poissonneuses du monde.

Société matriarcale, chamanique, et petit royaume autarcique que les chroniques coréennes appellent *T'amna* et qui, en 477 ap. J.-C., entre dans l'histoire écrite en envoyant à la Cour de Paekche (côte Sud-Ouest) un présent de perles fines, d'amulettes, et de faisans.

L'an 1276, le Mongol Kubilaï Khan déboise à moitié l'île pour construire la flotte destinée à l'invasion du Japon et y introduit l'élevage des chevaux pour ses escadrons.

Trois siècles plus tard, le volcan s'endort; le panache de fumée qui le sommait et permettait de le situer depuis la côte disparaît. Chedju, qu'on ne peut plus voir, se fait oublier.

Décembre 1948, l'île qui tout au long de son histoire avait revendiqué son autonomie se soulève contre le gouvernement détestable et détesté de Synghman Rhee. Séoul envoie la troupe. Les combats durent deux semaines et font douze mille morts chez les insurgés.

Dans ces affrontements, les îliens ont un avantage sur les continentaux : ils parlent le seul dialecte de toute la péninsule que les Coréens ne comprennent pas. Aujourd'hui, le calme est revenu. Le volcan s'appelle *Halla-san.*

et d'autres lieux

Ile Quelpaert, 1628

Cette année-là, un vaisseau marchand hollandais fait naufrage sur la côte Sud de Chedju. Les huit rescapés sont recueillis et soignés par les habitants qui leur font fête. Les Coréens sont trop hospitaliers – et curieux – pour tuer ou brimer des hommes d'une race inconnue avec laquelle ils n'ont jamais eu maille à partir. Les naufragés voient que l'île est un volcan, qu'on y trouve des chevaux en liberté partout, qu'une société de femmes qui plongent pour récolter par vingt mètres de fond huîtres perlières ou coquillages et qui s'adonnent à la magie détiennent une partie du pouvoir. Ce qu'ils ne voient pas, c'est leur position sur une carte marine que l'Occident n'a pas encore dressée. Ils savent qu'ils sont entre la Chine et la côte Sud du Japon où, deux ans plus tôt, une de leurs frégates a canonné la forteresse de Shimabara et aidé les Japonais à exterminer les dernières ouailles catholiques de saint François Xavier. Depuis les campagnes et massacres du duc d'Albe en Flandres, ils ont un compte tout frais à régler avec l'Espagne. Ils n'en savent pas plus et baptisent, sans trop s'avancer, cette île « Quelpaert » (Quelquepart). Lorsqu'ils sont rétablis, le gouverneur de Chedju les envoie à la Cour de Séoul où ils enseignent des rudiments d'art militaire, de balistique et surtout s'échinent à fabriquer des mousquets. Les Coréens ont conservé le nom d'un seul d'entre eux : Velterree.

Vingt-cinq ans plus tard, un autre vaisseau batave est drossé sur Chedju par un typhon. Tout l'équipage qui est sauf – une trentaine d'hommes et leur capitaine Hendrick Hammel – reçoivent le même accueil, sont restaurés, pansés, dirigés sur Séoul, où on les prie civilement et toutes affaires cessantes de... fabriquer des mousquets. Huit ans plus tard, Hammel et quelques-uns de ses compagnons embarquent clandestinement sur une jonque qui les dépose au comptoir hollandais de Deshima dans la baie de Nagasaki d'où ils regagnent l'Europe. De retour, Hammel écrit ses souvenirs : *Relation du naufrage d'un vaisseau hollandais sur la côte de l'Île Quelpaert*, Paris, 1670. C'est lui qui place « Quelquepart » sur nos cartes et fournit la première description de ce brillant « royaume ermite » dont l'Occident ne connaît rien et auquel Marco Polo qui lui donnait le nom chinois de Kaoli (corruption de *Koryo*, notre Corée) n'avait consacré que quelques lignes.

L'intérêt de ces deux naufrages, c'est qu'on y retrouve les mousquets comme dans un refrain. A valeur égale, les Coréens avaient dû lâcher prise devant les arquebuses du Japonais Hideyoshi, ils voulaient s'équiper pour faire face à une nouvelle incursion et surtout pour reprendre aux Chinois les territoires qu'ils occupaient encore au Sud du fleuve Yalou.

Dans ce que l'Occident, du xvıᵉ au xvıɪɪᵉ siècle, pouvait proposer aux cultures raffinées de la Chine, de la Corée et du Japon, deux choses – et deux choses seulement – semblent avoir suscité leur convoitise : les armes à feu et instruments astronomiques, et la forme d'industrie, d'énergie et de curiosité dont la Compagnie de Jésus était alors si amplement dotée. Les jésuites de Pékin qui firent tant pour la connaissance de la Chine avaient vite compris que le succès de leur mission *devait* un jour passer par la production de pendules sophistiquées (de préférence musicales) et celle de bouches à feu. L'édit de tolérance de l'empereur K'ang-Hi qui, en 1692, les autorise à exercer librement leur ministère dans tout l'Empire, récompense, entre autres choses, leur habileté d'artificiers... « *Durant les guerres civiles, ils (les jésuites) m'ont rendu un service essentiel par le moyen du canon qu'ils ont fait fondre* » (cité par Étiemble, *Les Jésuites en Chine*).

Ko, Yang et Puh

Les trois divinités de l'île s'appellent Ko, Yang et Puh. Puh, comme on le devine à l'oreille, est le Dieu du Pet. On en taille dans la lave des effigies grossières – nez en goutte, jambes énormes, yeux globuleux – qui évoquent certaines idoles précolombiennes. L'île est la fille d'un pet marin : l'éruption originelle.

– Pouah!

– Comment? Pouah! Les Coréens ne verraient
rien de scabreux dans cette analogie. Les tradi-
tions extrême-orientales n'ont jamais humilié le
corps et ses fonctions, elles les ont plutôt considé-
rés comme compagnons de travail ou de plaisir
qu'il faut traiter avec égards, voire, comme dans
l'Inde tantrique, comme instrument de connaissance spirituelle. Impossible de blasphémer ou
d'insulter en utilisant, comme dans l'Occident
judéo-chrétien ou islamique, le vocabulaire phy-
siologique. Traitez un Japonais de « cul », vous
verrez ses yeux s'arrondir : *O-shiri* (l'honorable
séant) n'a pas à rougir devant le bras, le nez ou la
jambe. Dans son « Encyclopédie » dessinée
(Mangwa), Hokusai représente non seulement
d'hilarants concours de grimaces, mais aussi des
concours de pets, et les candidats, fesses en l'air,
concentrés, leur prestation fusant comme autant
d'étoiles. Dans les contes populaires coréens, on
se débonde librement; Rabelais aurait pu en
signer la moitié. Le corps n'est pas comme dans la
pudibonderie victorienne ou une odieuse littéra-
ture de sacristains de la Contre-Réforme cloaque,
poche à fiel, instrument de souffrance, chute et
damnation avant cette Résurrection promise à
quelques *happy fews*.

– Tout de même! Cette scatologie... pour un
mythe fondateur...

– Ne faites pas les délicats. Souvenez-vous avec

quels matériaux Gargantua reconstruit les murs de Paris, et dites-vous bien que jusqu'au XIXe siècle, l'Europe pétait sans souci de Stockholm à Madrid, de la ferme à la Cour, de la cave au grenier. Relisez Saint-Simon, Restif de la Bretonne, Sade, Champfort, Rousseau : c'est à se demander comment, dans cette canonnade, Haydn et Mozart ont pu se faire entendre. C'est, je crois, la jeune reine Victoria qui a proscrit cette bruyante pratique de sa Cour. Puis d'Angleterre, ce silence a gagné l'Europe, ce dont je me félicite.

Quelquepart. *Tombes*

Les Hollandais avaient vraiment bien choisi leur nom : cent kilomètres au Sud de la côte et ce n'est déjà plus la Corée. Ce n'est pas non plus la Chine du Shantung qui est six fois plus éloignée. C'est « Quelquepart ». Mais trouvez-moi une autre île où le petit Fokker bimoteur secoué comme un taxi sur les cassis du ciel vous pose entre des chevaux qui piochent de la tête, des chaumières de basalte intimes et justes, à toits débordants, des tombes. Et quelles tombes! ce sont des tumuli engazonnés du vert ras le plus tendre souvent entourés de murets de laves, qui font légèrement ventre, sont comme poumons légers, où rien ne suggère la dégradation, le châtiment, le *De profundis clamavi*, qui font plutôt penser à une interminable sieste, à une torpeur exquise, attendue, méritée. Tombes chamaniques où la tête du défunt était placée à l'Est, où, dans les plus anciennes, on disposait des deux côtés du corps les ailes de grands oiseaux voiliers – frégates, cormorans ou grues de Mandchourie – pour aider l'âme à prendre son envol. Partout, dans la campagne, ces sépultures sont là, dans leur imperceptible souffle, dans cette béatitude verte, dans cette légère convexité. « Bienvenue dans le repos. » Je reviendrai mourir ici.

Halla-san

Ce volcan qui *est* toute l'île a, lorsqu'on le voit de la côte Nord, l'allure d'un buffle couché. En s'élevant il change de nature et de couronnes : une première de plages jaunes ou d'éboulis de lave furieusement figés en formes de phénix et dragons, une autre de champs de seigle et du miroir des rizières éclaté par la pente, une encore de forêt subtropicale, puis de grandes pâtures, puis sur le flanc Est une sorte de bavette qui est une forêt de conifères alpins, enfin les bords dentelés du cratère où même en juin, un névé étincelant s'accroche qui vous tire tout ça vers le haut. Ce buffle est plus léger que pierre ponce ; l'île ovale flotte dans la lumière comme œuf battu en neige. Nous voulions monter sur cet animal.

Sur la carte, deux sentiers en pointillés noirs (donc mauvais) gagnent le sommet. L'un, venant des plages de l'Ouest ; l'autre, partant de la route qui relie le port de Chedju à celui de Sogwipo sur la côte Sud. Celui que nous avons pris, sans nous être enquis de rien.

Cinq heures du matin

L'aube n'était pas levée ; le sentier n'était pas un sentier mais une gigantesque coulée de lave tronçonnée par la pluie, le gel, le vent en centaines de blocs colossaux qu'il fallait contourner, escalader, descendre, sautant de l'un à l'autre lorsqu'on pouvait mesurer son élan. Des deux côtés de cette chaussée de géants, la forêt et son sous-bois d'épineux où les orchidées s'accrochaient comme des lampions étaient si denses qu'il aurait fallu une machette pour y faire un pas. Je n'avais pas même un couteau. On était bien forcé de suivre cette grande dictée de lave harassante et d'en passer par où le voulait la montagne. Chant assourdissant des rossignols. De temps en temps, un faisan argenté partait entre nos jambes avec un claquement de fusil et s'élevait d'un vol heurté vers la mince tranchée du ciel qui commençait à rosir.

Neuf heures du matin

Quatre heures d'escalade pour avoir parcouru à peine autant de kilomètres. Quand le sommet nous apparaissait dans une trouée de feuillage, il semblait s'être éloigné. A chaque bond nos lourds sacs à dos s'envolaient et nous retombaient sur les reins. Si la progression devait rester aussi difficile, nous n'irions pas bien loin avec ce fardeau. Dans une clairière ménagée par la lave, j'ai enfoui ces sacs sous des feuillages au pied d'un arbre puis suis monté jusqu'à la première fourche où j'ai fixé des banderolles de papier blanc qui descendaient jusqu'à terre. Pour les retrouver au retour. Ici, la nuit tombe comme une pierre.

Une heure de l'après-midi

Le fourré s'était éclairci. La lave avait fait place à d'immenses pâtures en pente douce semées de pivoines sauvages et de hauts bosquets d'azalées en fleur. Au-dessus de nous, un bois dont l'odeur résinée nous parvenait par bouffées. Empoisonné par un coquillage depuis la veille. Vomissements et soif d'autant plus intolérables qu'on entendait sous nos pieds un ruissellement continuel. Sur ce volcan vert émeraude vous ne trouveriez pas une tasse d'eau : les pluies sont absorbées par la lave poreuse ; toute l'orographie est souterraine et circule, presque à portée de main dans les canaux ménagés par les éruptions successives. Pour boire, il nous aurait fallu une pioche. Ce gazouillis liquide à une coudée sous nos semelles et la gorge sèche...

Trois heures de l'après-midi

Assis sur le tronc d'un pin foudroyé au-dessus de la dernière forêt et du dernier pierrier de lave, je sentais la maladie lâcher prise, exténuée juste avant le corps, n'en pouvant plus, déguerpissant, j'écoutais la journée dégringoler par pans entiers au fond de moi comme un glacier. Une caravane de géologues équipée de cordes et de crampons pour explorer les grottes qui truffent le cratère nous avaient donné à boire et jamais eau ne nous avait paru meilleure : ce jour-là, les mots « soif » et « eau » ont reçu leur habit du dimanche. La bordure du volcan n'était qu'à une petite heure, mais je savais que je n'y parviendrais plus. Il fallait garder la force de redescendre et j'avais, au Japon, vu assez de ces petits lacs volcaniques nichés dans un relief qui évoque un chapeau de feutre enfoncé d'un coup de poing. Tant pis.

De l'éperon où nous étions assis, on dominait tout l'Est de l'île, les ports des côtes Nord et Sud, Chedju et Sogwipo. De ces deux points cardinaux et de toute la rotondité de la mer, on voyait les jonques aux voiles rapiécées comme des pantalons de tziganes converger vers les môles. Au large de Sogwipo, le jet double et gracieux d'une baleine franche. Sous nous, tout le chemin parcouru : des plages aux rizières, de la forêt aux prés avec ces chevaux posés partout comme dans un dessin d'enfant, ou plutôt comme dans ces vignettes missionnaires, façon « Pavillons noirs », qu'on nous vendait à l'école du dimanche pour nous piquer un peu de notre maigre argent de poche et qui ont tant fait pour me mettre sur les routes. Cartographie de moine halluciné avec Caravelles, Sirènes et Tritons. Il fallait vraiment monter jusqu'ici pour sentir la solitude, l'indicible splendeur, l'insularité de ce volcan posé dans la mer de Chine comme un caillou du Petit Poucet. Et peigner longtemps cette même mer bleue et bronze, avant d'y trouver deux mortels aussi heureux que nous. J'étais rendu, aux deux sens du terme : fourbu et arrivé là où je voulais être. Ma femme s'est mise à rire :

– Tu as l'air d'un sherpa agonisant.

Elle a pris une photo et j'ai l'air d'un sherpa à l'agonie.

Cinq heures du soir

En abordant, à la nuit tombante, le premier pierrier de la descente où il fallait assurer chaque pas, et à l'idée de faire tout ce chemin à rebours, Éliane s'est mise à pleurer. Elle était pourtant meilleure montagnarde que moi et avait fait, dans les Alpes, des arêtes où je ne m'étais pas risqué. Il y a des moments où pleurer (pas se plaindre ni ergoter, juste pleurer) est la meilleure réponse à la question qu'on vous pose. Épanchement intérieur qui réconcilie et régénère. J'étais devant et l'entendais sangloter derrière moi tout en sautant d'un bloc à l'autre, comme un chamois, avec une sûreté absolue. Lorsqu'elle était parvenue au bout de ses larmes, nous avions atteint le grand plateau aux azalées; elle était pacifiée, d'attaque, récurée comme un chaudron. Les Coréens avaient raison de dire que « l'homme sans larmes est un vaurien ». Des chevaux sortaient de toutes les directions de la nuit, d'un trot léger et musardeur, comme des écoliers en vacances, pour nous observer entre deux touffes de fleurs sombres, ou venir nous fourrer amicalement leur museau sous l'aisselle. Lorsque nous avons abordé la forêt du bas, la nuit était entièrement faite, le sentier doux aux pieds. Entre la cime des arbres palpitaient d'énormes étoiles.

Huit heures du soir,
quinzième heure de marche

J'avais retrouvé les banderoles de papier et me relevais avec nos sacs lorsqu'une torche blanche m'aveugla. Nous n'avions pas entendu craquer une brindille, c'est mon odorat qui aurait dû m'alerter. Le pinceau qui m'éblouissait descendit sur mes pieds, et nous vîmes un petit soldat trapu, couleur de terre, la casquette tirée bas sur les yeux, la mitraillette posée sur le coude droit, deux grenades offensives attachées à la ceinture. Il dégageait une forte odeur de bière et, sans cesser de nous tenir en respect, se mit à parler à toute allure dans un *talkie-walkie* d'une voix courroucée. Je me tenais à carreau : en Corée, les petits hommes courroucés et pompettes, armés ou non, peuvent être mortellement dangereux. Il nous interpela dans un coréen rugueux ; je répondis en japonais et vis son visage s'éclairer et se détendre. Il laissa pendre sa mitraillette à la bretelle, sortit un carnet de sa poche de chemise et je le vis faire une croix sur deux barres verticales. Ces deux barres, c'était nous...

... Vingt-deux ans plus tôt, après que la révolte de Chedju eut été durement mâtée, une centaine de maquisards avaient disparu dans le cratère avec armes, munitions, explosifs et malgré toutes les traques et recherches entreprises depuis, on ne les avait *jamais* retrouvés. Pas même une gamelle, un ceinturon, un crâne ou un tibia. Le labyrinthe de lave qui relie le cône d'éruption principal aux évents secondaires qui vérolent les flancs du volcan les avait escamotés. Ils avaient évidemment planqué leurs armes et s'étaient fait la paire : ceux qui connaissaient les entrailles de la montagne pouvaient se retrouver à l'air libre à peu près n'importe où. La disparition de ces rebelles avait si fort inquiété le gouvernement de Séoul que, depuis, les accès Est et Ouest du Hallasan étaient secrètement surveillés. Toute personne qu'on avait vu y monter devait en redescendre sous peine d'être soupçonnée d'être allé grossir cette armée d'ombres hostiles. D'ordinaire, ceux qui étaient montés d'un côté passaient la nuit dans le cratère et redescendaient de l'autre. On ne faisait jamais l'aller-retour dans la journée, trop fatigant. Notre imprudence avait troublé cette routine.

Le soldat nous raccompagnait jusqu'à la route, accroché à mon bras pour ne pas trop chalouper. Voilà dix ans qu'il était dans son taillis à observer les allées et venues, bien convaincu que le cratère avait été déserté longtemps avant son arrivée. Mais être portier d'un volcan éteint depuis mille ans et surveillant d'un bataillon de fantômes était finalement une bonne planque qui lui valait un bout de conversation avec les géologues, ornithologues ou excursionnistes qui faisaient l'ascension. Boulot peinard donc, et sans danger. Le souci qui, manifestement, taraudait ce nabot armé jusqu'aux dents et l'entourait comme une obscure mandorle était d'une tout autre nature : sa femme était pɪˋsqu'à terme de leur premier enfant; la grossesse s'était mal passée, il avait peur de perdre en couches cette bonne épouse et de se retrouver veuf. Ayant dit veuf – *Otoko Yamone* – il nous fixa en clignant de ses yeux injectés comme si nous étions maîtres de son avenir. On le rassura de notre mieux : les Coréennes sont costaudes, l'accouchement n'est pas une maladie, les petites maternités tenues un peu partout par les missionnaires sont d'excellente qualité...

Parvenu à la route, il paraissait avoir retrouvé ses esprits. Il faisait noir comme dans un four et nous dormions debout. Le soldat a attendu avec nous qu'une voiture passe en direction de Sogwipo qui était encore à plusieurs heures de marche. Il a arrêté à coups de sifflet la camionnette d'un poissonnier et lui a ordonné d'une voix menaçante de nous conduire jusqu'à l'auberge, de nous y trouver une chambre, puis nous a pompé cérémonieusement la main et est retourné en titubant dans ses fourrés pour écouter la nuit et surveiller ses ombres.

Sogwipo, cinq heures du matin

Hier soir, litres de thé pour achever de tuer l'infection, mâchonnant mon bonheur dans le noir, repassant derrière mes paupières le fabuleux spectacle de la journée. Nous étions trop épuisés pour trouver le sommeil. A l'aube nous sommes descendus au port qui est juste sous l'auberge. Les jonques de pêche quittaient leur mouillage en silence. Sur la jetée, croisé une grand-mère qui faisait sauter dans son dos un petit braillard et rencontré un étudiant blême qui parcourait la digue en pantoufles de feutre, à petits pas de vieux. Chemise au col douteux reprisée à la ficelle. Il nous a confié en jap-anglais qu'il était ici pour soigner ses poumons perdus puis, avec l'indiscrétion amusée propre aux Coréens, il a demandé son âge à Éliane.

– Trente-sept ans.

– *Hahh... I thought you were much older*, a-t-il répliqué d'un air incrédule et frustré.

Sa curiosité satisfaite, il nous a quittés en traînant les pieds. Il est vrai qu'après les quinze heures de marche de la veille et surtout avec nos visages d'Occidentaux tout en arêtes, saillies, coins et conflits, nous vieillissons plus vite qu'eux avec leur face de lune. J'étais heureux que cette équipée admirable nous ait marqués. C'était comme une encoche sur un couteau d'assassin. Si on ne laisse pas au voyage le droit de nous détruire un peu, autant rester chez soi.

Et, sans tarder – pour ainsi dire immédiatement – autre chose survient.

Florides helvètes, Ch.-A. Cingria

Sogwipo, juin 1970.
Los Angeles et Genève,
printemps 1990.

XIAN

A cause du brouillard bas notre avion, pourtant un gros porteur, a tourné longtemps avant d'atterrir. Xian est un des cœurs de la Chine classique qui tient le brouillard en plus grande estime que le ciel bleu. Il s'amuse à prendre ici toutes les formes. Sur la route bordée de trembles qui conduit vers la ville passent des flocons de brume denses et oblongs comme des dirigeables, comme des fuseaux de barbe-à-papa. Passent à hauteur de poitrine, allant à leurs affaires et pour un instant vous noient, vous séparent complètement du monde extérieur. On étend les bras pour savoir ce que les compagnons sont devenus. C'est d'un de ces cocons que Monsieur X qui devait être notre guide à Xian sortit comme un poussin de l'œuf et se dirigea vers nous d'un pas vif. A Pékin, nous avions été pilotés par deux jeunes sottes élégantes, à bas blancs ajourés, qui se balançaient en pouffant sous leurs ombrelles et ne savaient rien de rien. Elles nous avaient, pour alléger leur cahier des charges, imposé un panda – plutôt une suggestion de panda puisque l'animal qui faisait la sieste nous avait laissé cois devant ses déjections qui fumaient sous un soleil torride. Je m'étais dit « une fois suffit » et examinai sévèrement Monsieur X. Petit, ramassé comme un judoka, frange courte et drue sur un front sans âge, sur des yeux mobiles au regard d'atropine. L'un des nombreux sens chinois du nom de Monsieur X signifiait « n'ayant-pas », et il semblait bien ne rien posséder d'autre que ce blouson de gutta-percha jaune qu'il aurait pu trouver sur un chantier. Assis à côté de moi à l'avant du bus, il me fit savoir par quelques phrases laconiques que ce métier de guide ne lui disait rien qui vaille, qu'il aurait souhaité être historien, que tant qu'à promener des touristes il aurait préféré le faire en anglais mais, que sur ce point non plus, on ne lui avait pas laissé le choix. Il se retourna pour balayer d'un regard blasé – mais curieux – mes amis, me regarda moi et conclut sa tirade en détachant chaque syllabe : « les-cir-cons-tances-de-la-vie ». Puis, pour échapper à la routine professionnelle, aux questions tuantes d'être toujours les mêmes, il fit mine de s'endormir. Il avait croisé ses mains jointes sur ses genoux et les serrait à s'en faire blanchir les phalanges. Il venait de toucher – comme un pâtre des montagnes suisses – le sept ou huitième petit troupeau de l'année, qu'il devrait faire pâturer pendant quelques jours dans un fabuleux alpage culturel que le Pouvoir avait tour à tour honni, célébré, vilipendé, souillé et, depuis quelques années, remis à l'honneur – et restauré (parfois superbement) pour des raisons qui, après tant de palinodies, pouvaient, beaucoup plus qu'à nous, lui paraître louches. Il reprenait souffle et courage. En regardant de biais ce faux dormeur je vis ceci : un clou sur lequel on aurait tapé et tapé sans pouvoir l'enfoncer dans la poutre. Un clou fait d'amertume et de solidité : ce visage carré et dur en disait long sur la façon de faire rebondir le marteau qui vous frappe, me faisait penser à une victoire gagnée tout seul dans des eaux noires dont je ne connaissais rien. Qui avait tapé sans succès sur ce clou ? Le Parti ? L'Agence dont il était exécutant ? La Révolution culturelle ? Big Brother ? et pourquoi ? J'étais pour la première fois en Chine mais, au Japon que je connais un peu, un proverbe assure que « *Kugi wa deru attareru* » (le clou qui dépasse, on l'enfonce).

Monsieur X ne devait pas croire aux proverbes qui sont trop souvent un mélange de malice subalterne et d'opportunisme bonasse. Jugeant qu'il avait assez dormi, ce « clou qui dépassait » m'expliqua qu'il avait au fil des années réuni à grand-peine une petite bibliothèque française, que les Gardes Rouges l'avaient brûlée – il n'en avait sauvé que le *Larousse* qu'il avait enterré, enveloppé de toile cirée, dans son jardin. Depuis qu'on avait un peu desserré les écrous, ce *Larousse*, il avait dû l'apprendre par cœur, comme ces paysans de la Haute-Loire qui le potassent à la morte saison à s'en faire sauter la mémoire et vous placent sur la carte Kashgar ou Ushuaia mieux que bien des professeurs citadins.

A l'hôtel, en fin de matinée, préparant devant une bière chinoise le programme des jours à venir, le sombre Monsieur X nous émerveilla. Non seulement des mots tels que « épissure », « scabreux », « réticence » lui venaient comme s'il tutoyait les Anges mais il les utilisait avec l'extraordinaire intuition d'une culture que pourtant il n'avait pas connue. Il ne s'agissait pas du tout de couplets studieusement composés sur les « trois inévitables » proposés à l'admiration du passant de Xian (la Forêt des Stèles, l'Armée enterrée, la Pagode du Jars) ni de démonstrations destinées à faire valoir la maîtrise – déjà exceptionnelle – d'un immense vocabulaire. Non. Ces bonheurs d'expression venaient à Monsieur X tout aussi bien devant les spectacles imprévus qu'offraient les marchés, les rues, les villages des environs. Mais surtout, chaque phrase était construite pour nous faire saisir, dans une syntaxe plus rigide que celle de sa langue maternelle, sa manière chinoise (polyphonique, cosmique) de ressentir un coude de rivière sous les saules, une fermière qui traversait la route en vociférant derrière une truie qui venait de briser sa longe, une stèle à demi effacée au coin d'une rizière ou un épisode amer et drolatique de ses propres tribulations. Son commentaire remettait toujours le détail « en perspective » et dans un éclairage révélateur. Même s'il rechignait à faire ce travail fatigant – promener au galop des étrangers dans un passé-présent où trop de choses suggéraient encore pénurie, incurie, sévices vieux de huit ou huit cents ans – Monsieur X s'en acquittait à merveille. Et s'il prenait le risque de tenir un discours personnel, il était un lettré trop intègre pour « bâcler sa copie » et nous laisser traîner dans l'ornière du tourisme officiel. J'écris : passé-présent car Monsieur X n'avait aucun souci de distinguer la Chine quotidienne de, ma foi, LA CHINE. C'était pour lui tout un. Nous sortions du Musée de la Province où il nous avait expliqué (un vrai polar) la dérive des idéogrammes, que déjà il envoyait ceux d'entre nous dont la barbe piquait se faire raser par un coiffeur en plein vent, emmenait les autres dans une fumeuse gargote où, après un instant d'effarement du patron, nous lapions notre bol de nouilles dans un climat de curiosité amicale.

Il faut dire que Xian, depuis trente siècles qu'elle existe, a vu passer du monde. Elle possède un des tissus culturels les plus serrés de la planète : pas un bosquet de pivoines qui n'ait eu son poète, pas un pavillon qui n'ait abrité sa favorite ou sa « renarde », pas un pont qui n'ait vu passer le convoi funèbre d'un « ministre de la Gauche » ou d'un « général des Frontières du Nord », à une époque où notre Charlemagne traçait encore des bâtons et balbutiait l'alphabet sous la férule d'Alcuin.

Il faut dire que quarante-cinq ans de virtuisme totalitaire, de morosité chicanière venue de la capitale, d'achitecture (?) stalinienne, de convulsions idéologiques, ne sont pas parvenus à épuiser ce fabuleux humus que les habitants de Xian, en dépit d'une existence encore râpée, gèrent avec une nonchalance sans pédanterie mais un peu bousculée par la découverte de la fabuleuse « Armée enterrée » qui attire le monde entier chez eux – tout en considérant leurs cousins pékinois comme des « rastas » culturels. Il faut dire enfin que le désolant portrait que Simon Leys avait tracé de la condition du voyageur en Chine (*Ombres chinoises*, col. 10/18) s'était en dix ans quelque peu éclairé. Dans les marchés libres, dans les villages « hors programme » où, à notre demande ou à son intiative, Monsieur X faisait souvent arrêter notre bus, nous tombions sur des signes évidents de mieux-vivre : valeureuses flottilles de canards sur les mares ou sur les biefs qui bordaient la route, corps de ferme ou toits de chaume refaits à neuf, colifichets de couleur, sourires ou gestes d'accueil à l'entrée de cours bordées de sorbiers, qui n'étaient plus l'effet d'un laborieux « comité populaire », etc. Ces menus miracles qui nous réjouissaient, Monsieur X en faisait le commentaire avec la prudence d'un chat échaudé, sachant bien que le Ciel peut reprendre demain ce qu'il a donné aujourd'hui. Et une pointe d'amertume, car ce modeste et tardif pactole profitait surtout au milieu rural et que certaines professions urbaines (médecins, professeurs... guides) ne voyaient rien venir et ne cachaient pas leur dépit. Monsieur X nous dit, alors qu'on quittait justement l'une de ces fermes : « C'est leur tour, ils ont été toujours les dindons de toutes les farces, mais tout de même... » Peut-être pour doucher notre enthousiasme, au retour des « Tombes de l'Ouest », tellement nappées de brouillard que les paysans qui tiennent ici, depuis quelques mois, de petits éventaires de jouets ou de babioles coloriées et de fausses ou vraies monnaies anciennes, avaient plié bagage et regardaient, tout comme nous, avec une sorte de stupeur, ces larges figures de pierre, prises et rendues par la brume, Monsieur X nous fit arrêter dans un faubourg de Xianyang et entrer dans un petit atelier où l'on fabriquait les silhouettes de cuir du théâtre d'ombres chinois. Sol de terre battue, deux lampes au carbure qui venaient au secours d'une ampoule suspendue à son fil nu, si faible qu'elle n'éclairait qu'elle-même, une scène improvisée faite d'un drap fixé à deux bambous et, accrochée au mur ou suspendue à des ficelles, une foule de découpes de parchemin : juges, généraux, danseurs, mandarins, chevaux, courtisanes, démons, dont certains se balançaient en silence car le vent soufflait de la rue. Le lieu était si chargé que je songeai aussitôt au modeste « Théâtre du monde » où le héros du *Loup des steppes* de Hesse se fourvoie un soir de déprime et commence à revivre. Monsieur X adressa quelques phrases rauques à d'invisibles interlocuteurs qui se mirent à s'affairer derrière l'écran. Un cri à glacer le sang retentit et les lumières de l'atelier s'éteignirent. A gauche du drap, on vit apparaître un cavalier casqué, corseté dans son armure d'insecte. Il mit près de trois minutes à traverser la scène, faisant cabrer et tournoyer son cheval, frappant d'estoc et de taille pour se débarrasser d'adversaires – goules, archers nomades, etc. – tantôt flous, tantôt silhouettés avec une précision grimaçante et qui, telles des nuées, fondaient sur lui de toutes parts. C'était ahurissant de virtuosité et de magie ; je crois bien n'avoir pas repris mon souffle une seule fois. La bande son : chocs parfaitement synchrones, rots de dépit, hennissements des montures, était tout aussi suggestive. Nous venions de voir le général Pan T'chao traverser et conquérir le Turkestan chinois au début de l'ère chrétienne. En coulisses, la « troupe » (deux vieillards exquis de politesse et trois gamins morveux vifs comme des belettes, qui étaient leurs petis-enfants) nous offrit un verre d'alcool blanc. Les tribulations de cette famille de marionnettistes devaient égaler celles du général

Pan T'chao. Les parents avaient « disparu » à Shangai pendant les années noires. Les grands-parents s'étaient fait confisquer leur petit matériel et interdire l'exercice d'un art éminemment populaire mais inclus dans le vaste fourre-tout de « l'héritage féodal ». Depuis quelques années, ils avaient pu retrouver leur métier, leur répertoire, et se faisaient quelques sous en vendant leurs silhouettes à des gens de passage. « Ça va mieux à présent pour eux », conclut sobrement Monsieur X dont les allures d'ex-taulard mettaient manifestement tout le monde en confiance.

Regagnant Xian à la nuit tombée sur une route crevée de cassis, encombrée de charroi, nous vîmes ceci : devant nous un tracteur tirait une remorque dans laquelle des cochons tressaillaient sous un filet de cordages ; le conducteur tout occupé à peloter la paysanne assise à ses côtés restait sourd aux coups de klaxon furieux du camion qui cherchait à le dépasser. Ce qu'il fit dès que la route le permit, puis, braqua son véhicule pour bloquer le tracteur et se précipita sur le conducteur pour le rosser. Ce dernier, pour mieux parer les coups, avait retiré de sa conquête une grosse patte luisante de foutre. Des paysans qui poussaient leurs vélos-remorques au bord de la route séparèrent en rigolant ces deux artistes. Tout le trafic était bloqué. « Filmé ça ? » demanda Monsieur X. « Oui » (mais la nuit était presque tombée et je n'ai jamais pu revoir les images de

cette rixe). Monsieur X laissa filer un râle appro-
bateur, assourdi : cette Chine bruegelienne semblait lui plaire autant qu'à nous.

Monsieur X, lui aussi, nous plaisait beaucoup.
Nous mesurions notre chance d'être tombés sur
cet humaniste. Nous ne le considérions pas
comme l'interprète d'une culture mais comme
une particule active, vivante, originale de cet
ensemble qu'il mettait tant d'ingéniosité à nous
faire un peu découvrir, alors que, du fait même
de sa fonction, il aurait dû nous en interdire
l'accès. Alors qu'il ne mangeait pas à notre table –
après quelques tentatives pour l'y inviter nous
avions cessé de l'embarrasser sur ce point d'éti-
quette. Il est aisé – et d'ailleurs de bon ton – de se
moquer des voyages de groupe mais, pour qui ne
parle ni ne lit le chinois, c'est encore la seule
manière d'être assuré d'avoir vu quelque chose.
Se lancer seul, aveugle, sourd-muet dans ce pays
immense est aujourd'hui encore une entreprise
épineuse qui débouche souvent sur échecs et
amertume. Et tout dépend du groupe. Mes
compagnons (plâtrier ou industriel) étaient
d'excellents voyageurs : curieux, endurants,
patients ou râleurs quand il le fallait, l'œil et
l'oreille ouverts à tout ce qui échappait à la
langue de bois du discours officiel. Ils ne venaient
pas en honteux bourgeois de Calais se faire donner des leçons d'idéologie, ils avaient payé le lard

du chat pour voir, apprendre, comprendre un peu, être émus, rire. Le soir Monsieur X, une fois le chauffeur rentré chez lui, retrouvait une liberté suffisante pour venir boire un verre au bar avec nous et s'infecter de « matérialisme petit-bourgeois ». Il nous faisait part de réflexions ou d'anectodes qui lui étaient venues dans le car du retour et qui étaient comme un codicille aux leçons de la journée.

Dès le deuxième jour, il eut à notre égard une attitude de brusquerie amicale, faisant mentir Lu Hsün qui assurait que les Chinois « ne pouvaient considérer les étrangers que soit comme des bêtes, soit comme des êtres supérieurs ». Nous lui fîmes savoir – chacun à sa façon – combien nous appréciions son travail et sa compagnie. Le reconduisant au vélo qui le mettait à une demi-heure de sa chambrette, je lui dis *(bis repetita placent)* : « Nous sommes vraiment arrivés à Xian un jour de chance », et vis ce visage tourmenté s'éclairer – comme balayé par le pinceau d'un phare – d'un véritable sourire. Qui n'était pas le dernier et qui, je l'espère, sera resté longtemps accroché au-dessus de son guidon comme la lune qui dormait, ce soir-là, sur le dos.

*Les vivants ont une telle peur de la mort
que les défunts, gênants dans leur existence
même, sont, avec tout le rituel, escamotés,
rejetés, oubliés, abolis presque avant même
d'avoir rendu leur dernier soupir (qui est
le premier soupir des fantômes et revenants).*

Jacques Dars
Aux portes de l'enfer, Nulle part, 1984
(Sur l'attitude de l'Occident face à la mort)

Le quatrième et dernier jour à Xian, vers midi, dans une ravissante campagne qui moutonnait sous des écharpes de brume, notre bus dépassa un convoi funéraire qui suivait, en contrebas de la route, la berge d'un ruisseau. Parents endeuillés de blanc tenant à la main des rameaux de saule, quatre cymbaliers ou tambourinaires, le cercueil noir et laqué suivi d'un gigantesque dragon de papier rouge et bleu manié par une demi-douzaine d'acolytes et dont les flancs s'ouvraient ou se fermaient en accordéon pour épouser le parcours sinueux du sentier. Derrière, une parentèle plus vague et quelques gamins en casquette.

Spectacle colorié (l'herbe était très verte), gracieusement et modiquement bruyant, sans « Leçon des ténèbres » et suggérant que le trépassé – surtout ainsi escorté – était plus à envier qu'à plaindre. Monsieur X, noir d'excitation (allez dire que les Chinois sont impassibles), marmottait : « C'est nouveau... c'est revenu... jamais vu

ça... mon père... » Ce qui était nouveau n'était probablement pas la petite procession, mais cette
vaste effigie cornue de papier huilé et de légers
bambous qui, à en croire Monsieur X, coûtait
environ trois mois de son salaire. Comme je sug-
gérais de s'abstenir de photos pour respecter ce
deuil, Monsieur X me contredit : ce dragon représentait un grand sacrifice, une façon décente
(donc heureuse) de porter en terre un défunt ;
ceux qui en avaient fait les frais en étaient légi-
timement fiers, rien ne pouvait leur faire plus
plaisir que nos regards ahuris ou nos photos. Sans
doute avait-il raison. Cependant je ne me souviens
pas qu'un seul d'entre nous soit allé rejoindre ce
petit cortège. D'une part parce qu'en voyage il ne
faut jamais se dire « je tiens là quelque chose » et
vouloir à tout moment faire feu de tout bois.
D'autre part parce que nous venions tous de pays
où la mort est occultée, où l'on quitte, en fin de
parcours, la maison pour la salle commune puis
celle-ci pour un coin de couloir aménagé derrière
un paravent. Rien chez nous n'est plus silencieux
ni mieux lubrifié qu'une voiture-corbillard, ni
plus étouffé que nos croque-morts avec leurs
gants blancs et leurs visages de beurre. Silence et
« blanc » frustrants pour qui a déjà pleuré la moitié de ses larmes, avalé la moitié de son chagrin.
Faire une fête d'une défaite me paraît procéder
d'un état d'esprit plus dynamique et confiant. En
voyant ce convoi serpenter dans les champs, les

pieds trempés de rosée, avec son menu tinta-
marre, ses branches de saules qui seraient plantées de part et d'autre de la tombe pour devenir
arbres, ses gamins-suiveurs ébaubis par l'immense monstre polychrome, j'avais envie de dire
comme saint Paul aux Corinthiens : « Ô mort, où
est-elle ta victoire ? où est-il ton aiguillon ? » (I
Cor. 15. 55.) J'écrivis le verset sur mon carnet et
le tendis à Monsieur X. « Aiguillon » ? il leva les
sourcils. Dard d'un insecte. C'était la première et
dernière fois (je l'ai pourtant revu depuis) que je
prenais son vocabulaire en défaut.

Xian. 1984 — Genève, 1989

TABLE

Cet ouvrage a été réalisé sur
Système Cameron
par la SOCIÉTÉ NOUVELLE FIRMIN-DIDOT
Mesnil-sur-l'Estrée
pour le compte des Éditions Payot
le 11 juin 1990

Imprimé en France
Dépôt légal : juin 1990
N° d'impression : 15011
ISBN 2-228-88183-X